大学生社会实践案例教程

DAXUESHENG SHEHUI SHIJIAN ANLI JIAOCHENG

主编　黄小欧　林冬冬

西安交通大学出版社
XI'AN JIAOTONG UNIVERSITY PRESS

图书在版编目(CIP)数据

大学生社会实践案例教程 / 黄小欧，林冬冬主编.
西安：西安交通大学出版社，2025.3. -- ISBN 978-7
-5693-4020-4

Ⅰ. G642.45

中国国家版本馆 CIP 数据核字第 2025U5G335 号

大学生社会实践案例教程
DAXUESHENG SHEHUI SHIJIAN ANLI JIAOCHENG

主　　编	黄小欧　林冬冬	
责任编辑	王斌会	
数字编辑	宋庆庆	
责任校对	高海梦	
责任印制	刘　攀	
封面设计	任加盟	

出版发行	西安交通大学出版社
	（西安市兴庆南路 1 号　邮政编码 710048）
网　　址	http://www.xjtupress.com
电　　话	（029）82668357　82667874（市场营销中心）
	（029）82668315（总编办）
传　　真	（029）82668280
印　　刷	西安五星印刷有限公司

开　　本	720mm×1000mm　1/16		印张　12.75	字数	200 千字
版次印次	2025 年 3 月第 1 版		2025 年 3 月第 1 次印刷		
书　　号	ISBN 978-7-5693-4020-4				
定　　价	49.00 元				

如发现印装质量问题，请与本社市场营销中心联系调换。
订购热线：（029）82665248　（029）82667874
投稿邮箱：635208196@qq.com

作者简介

黄小欧，教育学博士，海南大学副教授，国家级一流本科课程"社会实践"负责人。长期从事大学生思想政治教育、职业生涯规划及创新创业教育研究与实践，具有丰富的学生工作理论与实务经验。

主持完成多项省部级教学研究项目，其中"面向自贸港建设的'三力'人才培养模式"获海南大学教学成果一等奖；撰写的思政工作研究报告和论文获得全国高校共青团优秀研究成果一等奖、海南省高校思政工作学术论坛优秀论文一等奖等；开发的多门培训课程入选全国高校辅导员职业能力培育课程库及中国教育干部网络学院资源库。

出版《学习力及其提升研究》《情境游戏学习的方法与实践》等著作4部，发表学术论文40余篇。在大学生社会实践指导与竞赛项目培育方面有积极成效，多次荣获"海南省优秀社会实践指导老师""海南省优秀创新创业导师"等称号。

作者简介

　　林冬冬，海南大学副教授，现任海南省高校创新创业教育教学指导委员会秘书长、海南省高教创新创业学会理事长、全国 KAB 创业讲师，入选海南省"南海新星"教育人才项目、海南省高校思想政治工作中青年骨干队伍建设项目。

　　长期致力于大学生创新创业教育研究与实践，在竞赛育人模式构建、创新人才培养机制等领域形成特色成果。主持国家级、省部级科研项目 6 项，发表 SSCI、EI、CSSCI 等核心期刊论文 7 篇。作为创新创业教育专家，指导学生获中国"互联网＋"大学生创新创业大赛金奖、中国国际大学生创新大赛金奖、"挑战杯"全国竞赛一等奖等国家级奖项 20 余项。入选教育部全国万名优秀创新创业导师人才库，获评"全国创新创业典型导师"（全国仅 10 位）、全国优秀共青团干部、海南省教育系统优秀共产党员、海南省优秀教师等称号。

　　大学生社会实践在促进理论与实践相结合方面具有重要意义。作为高等教育的重要环节，社会实践不仅有助于学生将课堂知识应用到实际问题的解决中，还能帮助他们提高综合素质和培养社会责任感。本团队着眼于打造高质量的社会实践精品课程，并以此为基础，撰写《大学生社会实践案例教程》。本教材立足于社会实践的育人目标，紧扣社会实践的实践性本质特征，精选九个不同类型的实际案例，围绕项目化分析方法的系统化运用，系统阐述社会实践的主要内容和实施过程。

　　本教材的特点主要体现在四个方面。

　　一是凸显理论与实践的"融合性"。教材以"理论导引—分析框架—案例展示—拓展练习"为核心逻辑，先对大学生社会实践进行理论梳理，继而构建具有实操性的项目化分析框架，并归纳出实践活动中九大类典型问题。本书中精选的九个案例，分别围绕不同问题展开，将理论分析框架融入案例全过程，通过具象化的实践场景，展现理论如何指导实践、实践又如何反哺理论，从而实现理论与实践的有机融合。

　　二是体现内容设计的"体系化"。根据社会实践课程对"实践性"的特别要求，教材重点采用案例展示的方法进行内容编排。一个案例不仅仅是一个单独的实践活动，更是一个具有系统性和连贯性的整体。案例的设计遵循从问题发现、方案设计、过程实施到效果评估的完整流程，帮助读者较为系统地理解和掌握社会实践的全过程。

　　三是突出了案例学习的"应用性"。教材中的案例均取材于真实的社会实践活动，注重将理论知识融入具体的实践情境，让学生在分析和解决实际问题的过程中，能够自然地运用所学理论知识。教材通过以案解题和拓展练习，强化对实践操作的指导。同时，教材以附录形式呈现部分活动掠影、学生实践体悟，并系统梳理社会实践相关文件，力求更充分地展现案例的情境与背景，增强读者的角色体验感，从而深化案例理解并提升指导价值。

四是突出实践育人的"引领性"。社会实践是道德教育的重要载体，通过亲身参与社会实践，学生能够深入社会，感知社会冷暖，增强社会责任感和使命感。案例聚焦大学生服务社会发展这一主题，引导大学生在社会实践中提高认知、参与行动、升华情感、提升价值，落实立德树人根本任务。

本教材是高等学校在校学生的社会实践教材，也可作为相关指导教师或管理干部的参考书。希望本教材能为有效实施社会实践活动提供参考，为充分发挥社会实践活动的育人功能提供借鉴。

编　者
2024 年 12 月

目 录
Contents

导　论

一、实践育人的概念及发展

(一)相关概念

1. 实践

《现代汉语词典(第7版)》解释:"实"的本义是"内部完全充满,没有空隙",后引申为"种子""果实",还指"实在""真实",用作形容词;"践"部首为"足",本义指"踩",引申为履行;"实践"包括"实行(自己的主张)""履行(自己的诺言)""人们有意识地从事改造自然和改造社会的活动"。

在马克思主义哲学中,实践是指人能动地改造客观世界的物质活动,是人所特有的对象性活动。人的实践活动具有自主性和创造性特点。实践的主体是人,实践的手段就是人所创造的工具的应用,实践的对象则是人接触、改造的一切客观对象。换言之,实践是主体和客体的中介,是主观见之于客观的感性过程。实践的主要形式包括改造自然的物质劳动、改进社会关系的社会活动,以及探索世界奥秘的科学探索活动等。

2. 实践育人

从教育学视角看,实践是与知识教育相对应的一种育人形式。与知识教育以系统学习书本知识为前提不同,实践育人以密切联系学生的生活经验、自然或社会背景为前提。实践育人高度关注学生生活、社会现实、学生人生经验，注重引导学生走进自然、走进社会，在真实的自然或社会情境中学习。实践育人的根本宗旨是引导学生形成对自然、对社会、对自我的整体认识，发展学生的社会实践能力、社会责任感，以及各种良好的个性品质。

3. 社会实践活动

《教育部等部门关于进一步加强高校实践育人工作的若干意见》指出："实践教学、军事训练、社会实践活动是实践育人的主要形式。"广义上，活动包含了各种各样的行为和运动，既涵盖物质行动也包含思维与精神的运动。狭义上，活动是指人类有目的的行动。社会实践活动是指以实践育人为主要目标，在社会情境中开展的有组织的行动。

(二)实践育人的发展阶段

改革开放以来，随着时代的不断发展，高校实践育人深入推进，主要经历了以下发展阶段。

1. 高校实践育人的重要奠基阶段

1978 年至 2004 年是高校实践育人的重要奠基阶段。在这一阶段，"实践育人"这一概念还未在正式文件中明确提出，但是实践育人作为一种非常重要的育人形式已成为高校教育界的共识。1978 年教育部印发的《关于讨论和试行〈全国重点高等学校暂行工作条例〉(试行草案)的通知》指出，全体大学生在学习专业知识的同时，要通过生产劳动以及实验、实习、社会调查、社会活动等，获得必要的直接知识和实际锻炼。1984 年中宣部、教育部发布的《关于高等学校学生参加生产劳动的若干规定》指出，要积极探索和开辟学生参加生产劳动的多种渠道和形式。工科和农科的大部分专业，应结合教学改革，通过同校外工矿企业、农场、农村组成"教学、科研、生产"联合体，同有些企业、专业户(重点户)建立参加实践和劳动的网点，逐步建立固定的社会实践和生产基地，组织学生参加和所学专业对口的生产劳动。1987 年 5 月，中共中央作出《关于改进和加强高等学校思想政治工作的决定》，指出高等学校学生参加社会实践活动，是青年知识分子健康成长的重要途径。组织高等学校学生参加社会实践活动的目的，是让学生接触社会，了解实际，向工农学习，向实践学习，并在力所能及的范围内运用自己所学的知识为社会服务。1987 年 6 月，国家教委和共青团中央联合发布《关于广泛组织高等学校学生参加社会实践活动的意见》，又一次明确强调，必须组织学生在学习期间广泛地参加社会实践，把在假期和课外组织学生参加社会实践作为高等教育的重要组成部分。1991 年国家教委印发的《关于加强和改进高等学校马克思主义理论教育的若干意见》指出，要将实践育人渗透进理论教育，围绕教学内容适当组织学生参加社会实践活动，使学生在接触实际中接受教育。

2. 高校实践育人的全面发展阶段

2004 年至 2012 年是高校实践育人的全面发展阶段。2004 年，中共中央、国务院发出《关于进一步加强和改进大学生思想政治教育的意见》，首次将"实践育人"作为一个重要概念提出，强调要联系大学生的思想实际，把传授知识与思想教育结合起来，把系统教学与专题教育结合起来，把理论武装与实践育人结合起来；要深入开展社会实践，促进大学生了解社会、了解国情，增长才干、奉献社会、锻炼毅力、培养品格，增强社会责任感。2005 年，中宣部、中央文明办、教育部、共青团中央四部门联合印发《关于进一步加强和改进大学生社会实践的意见》，强调教育与生产劳动和社会实践相结合是党的教育方针的重要内容，理论教育和实践教育相结合是大学生思想政治教育的根本原则，并要求探索建立社会实践与专业学习、服务社会、勤工助学、择业就业、创新创业相结合的管理体制。明确强调要把社会实践纳入学校教学计划。

在这一阶段，志愿服务作为实践育人的重要内容得到深入推进。2009 年，教育部印发《关于深入推进学生志愿服务活动的意见》，提出把志愿精神作为进一步加强和改进大学生思想政治教育和未成年人思想道德建设的重要内容，充分发挥志愿服务活动的育人作用，并要求各地各校要根据不同学生的特点，结合各地各校实际，组织学生积极参加各类志愿服务活动，同时利用寒暑假期和节假日，开展社会实践活动，探索形成具有学生特点的志愿服务品牌项目，建设学生志愿服务基地，搭建学生志愿服务平台。2010年5月，《教育部关于大力推进高等学校创新创业教育和大学生自主创业工作的意见》出台，创新创业教育逐步成为深化高等教育教学改革、培养学生创新精神和实践能力的重要途径。

2011年，《教育部关于进一步加强和改进研究生思想政治教育的若干意见》将社会实践纳入研究生培养方案，将实践教育环节作为研究生培养的必要环节，做到有计划、有规范、有考核，形成长效机制，进一步扩大了实践教育的培养范围。2012年，《教育部等部门关于进一步加强高校实践育人工作的若干意见》明确指出，进一步加强高校实践育人工作，是全面落实党的教育方针，把社会主义核心价值体系贯穿于国民教育全过程，深入实施素质教育，提高高等教育质量的必然要求，并要求教育部门要把实践育人工作作为对高校办学质量和水平评估考核的重要指标，纳入高校教育教学和党的建设及思想政治教育评估体系。在这一纲领性文件的指导下，高校实践育人的总体规划、师资队伍建设、基地建设、组织领导都得到了深化发展。随后在2012年，中共中央宣传部、教育部印发《全国大学生思想政治教育工作测评体系（试行）》，将实践育人列为高校思想政治工作的重要考核指标。在这一阶段，实践育人在体系上不断完善，制度上不断健全。

3. 高校实践育人的质量提升阶段

党的十八大胜利召开以来，中国特色社会主义进入新时代，高校实践育人也进入新时代质量提升阶段，成为培育和践行社会主义核心价值观的有效途径。2013年，中共中央办公厅印发的《关于培育和践行社会主义核心价值观的意见》明确指出，社会实践是社会主义核心价值观从小抓起、从学校抓起的重要抓手和有效途径，强调发挥社会实践的养成作用，完善实践教学体系，加强实践育人基地建设。2014年《中共教育部党组　共青团中央关于在各级各类学校推动培育和践行社会主义核心价值观长效机制建设的意见》指出，要促进实践育人共同体的建立，实现实践育人规范化管理、常态化服务、品牌化培育、项目化配置、信息化支撑、社会化运作，深化对社会主义核心价值观的理解和认识。

2017年，中共中央、国务院印发《关于加强和改进新形势下高校思想政治工作的意见》，强调要强化社会实践育人，提高实践教学比重，组织师生参加社会实践活动，完善科教融合、校企联合等协同育人模式，加强实践教学基地建设，同时，要健全评价体系，推动工作制度化。实践育人成为新形势下高校思想政治工作的重要内容，受到进一步重视。2017年，教育部发布的《高校思想政治工作质量提升工程实施纲要》明确提出，要构建实践育人质量提升体系，坚持理论教育与实践养成相结合，整合各类实践资源，强化项目管理，丰富实践内容，创新实践形式，拓展实践平台，完善支持机制，教育引导师生在亲身参与中增强实践能力、树立家国情怀。在这一阶段，围绕"我的中国梦"等主题开展的系列实践育人专题教育活动不断丰富，实践育人的体制机制不断完善，实践育人质量不断提升。

（三）实践育人的价值

2016年12月7日，习近平总书记出席全国高校思想政治工作会议并发表重要讲话，明确指出："要重视和加强第二课堂建设，重视实践育人，坚持教育同生产劳动和社会实践相结合，广泛开展各类社会实践，让学生在亲身参与中认识国情、了解社会，受教育、长才干。"社会实践、社会活动以及校内各类学生社团活动是学生的第二课堂，对拓宽学生视野、提升综合能力、丰富社会体验及充实校园生活十分有益。

第一，实践育人有利于落实立德树人根本任务。我国教育的根本任务是立德树人。高校是落实立德树人根本任务的主阵地，承担着培养德智体美劳全面发展的社会主义建设者和接班人的重要使命。实践育人是全面贯彻落实党的教育方针，落实立德树人根本任务的关键环节，是高校思想政治工作体系的重要组成部分。开展社会实践活动，让学生在实践中更加深入地了解国情、社情、民情，增强中国特色社会主义道路自信、理论自信、制度自信、文化自信，增强学生的思想政治素质，培养学生的爱国主义情怀和社会责任感。学生深入社会读好"无字之书"，在社会大课堂中培养知、情、意、行，更好地砥砺思想品格、理解掌握专业知识、提高社会实践能力和服务社会的综合素质。学生通过参与到民族文化传承、生态保护、乡村旅游等实践活动中，将个人成长与国家发展相结合，树立对人民的感情、对社会的责任、对国家的忠诚。

第二，实践育人有利于理论知识转化。2018 年 5 月 2 日，习近平在北京大学师生座谈会上的讲话强调："学到的东西，不能停留在书本上，不能只装在脑袋里，而应该落实到行动上，做到知行合一、以知促行、以行求知，正所谓'知者行之始，行者知之成'。每一项事业，不论大小，都是靠脚踏实地、一点一滴干出来的。"高校育人工作需要完成认识循环和实践循环的有机结合。实践循环包括第一课堂学习、第二课堂活动以及社会实践三个关键环节。第一课堂作为课程育人的主战场，通过系统教学使学生掌握课程理论与价值观念。第二课堂活动如社团活动、主题演讲、志愿服务等，为学生提供体验与感悟现实的平台。社会实践则要求学生走出校园，将所学知识应用于探究与解决实际问题，从而培养其社会责任感和公民意识，使其成长为具有担当与奉献精神的社会成员。通过认识循环与实践循环的结合，高校育人体系实现了从感性认识到理性认识、从课堂学习到社会实践的逐步深化与拓展，在这一过程中，学生不仅能深刻理解理论内涵，更能在实践中践行所学，形成解决问题的能力，促进理论知识向实践能力的转化，最终实现知行合一。

第三，实践育人有利于综合素质提升。通过参与社会实践活动，学生能够在实践中学习到知识、技能，形成正确的价值观，同时培养了解决问题的能力、团队合作精神和社会责任感。首先，社会实践活动让学生具有了将课堂学习应用到实际场景中的机会。在课堂上学到的理论知识往往需要在实践中得到验证和应用，而社会实践活动正是这样一个理想的平台。通过这个平台，学生的知识得到增长，技能得到提高，价值得到升华。其次，社会实践活动有助于培养学生的团队合作精神和领导能力。在实践中，任务导向和团队化的运行方式往往需要学生与他人合作，共同分析问题、寻找方案、完成任务。这种合作不仅能够提升学生的分析思考能力、团队合作意识，还能够培养学生的沟通、表达和协调能力。通过与他人合作，学生能够学会尊重他人、倾听意见，并有效地协调人际关系，这些都有助于提升学生的综合素质和实践能力。最后，社会实践活动还可以培养学生的社会责任感和公民意识。参与社会实践活动让学生更加深刻地认识和理解社会环境及其存在的问题与困境，有利于激发他们对社会问题的关注，培养其社会责任感。在社会实践和服务中，学生能够体验到帮助他人、回报社会的快乐，从而树立正确的人生观和价值观，培养出积极向上、乐于助人的品质。学生通过深入社会、融入社会、服务社会，提高综合素质，促进个人的全面发展。

二、社会实践活动类型、主题及育人功能

(一)社会实践活动的主要类型

《教育部等部门关于进一步加强高校实践育人工作的若干意见》要求系统开展社会实践活动，并指出社会调查、生产劳动、志愿服务、公益活动、科技发明和勤工助学等社会实践活动是实践育人的有效载体。因此，可将社会实践活动进行如下划分。

1. 社会调查类实践

社会调查类实践是高等教育中一项重要的实践教学活动，旨在通过系统性的研究方法和实证性的数据收集，让学生深入探索和分析社会现象与问题，从而增强他们对社会现实的理解与分析能力。这类实践活动具有学术性和应用性特征，着重培养学生的独立思考能力和问题解决能力。

在进行社会调查类实践时，学生需要具备扎实的理论基础和研究方法论，不仅包括对社会学、政治学等学科的理论框架和方法论的理解，还需要掌握数据收集与分析技能，如问卷设计、访谈技巧和数据处理能力。此外，良好的沟通能力和团队合作精神也是成功完成社会调查的重要保障，特别是在处理复杂的社会关系和敏感的社会话题时，能够有效地协调各方关系，并确保实践活动顺利开展。

学生在社会调查中重点使用的方法一般包括问卷调查、深度访谈和实地观察等。问卷调查作为常见的数据收集工具，通过问卷设计和量化分析以获取信息，进而反映社会现实情况。深度访谈则通过与个体或群体的访谈，获得更为详尽和深入的个案资料，有助于揭示社会现象背后的深层次动因与影响因素。实地观察则强调学生亲身参与实地观察，通过亲身体验和实地调研，深入理解社会现象的复杂性和多样性，为分析和解决问题提供数据支撑。

2. 生产劳动类实践

生产劳动类实践是指学生通过参与实际的生产性活动或劳动工作，在真实的工作环境中进行操作和实践，从而培养实际技能和职业素养的一系列活动。这类实践不仅仅局限于理论知识的传授，更加强调动手能力和实践操作能力的培养，使学生能够在实际工作中积累宝贵的经验，提升综合素质和职业竞争力。生产劳动类实践的核心特征在于其注重实践与理论的有机结合，通过真实的工作体验来锻炼学生的动手能力和解决实际问题的能力，同时也注重职业素养和工作态度的培养。

生产劳动类实践的主要形式包括企业实习实践、校园劳动和社会服务等。企业实习实践是指学生在企业中实际参与生产或业务流程，通过亲身体验企业运作，了解行业需求并掌握专业技能。校园劳动则是指学生在学校内部参与各类生产性劳动，如校内农场工作、实验室操作、校办工厂的生产等，这些活动既能帮助学生理解书本知识，又能培养其实践能力。社会服务作为一种生产劳动类实践形式，主要指学生参与社区建设、公益劳动等社会性服务工作，通过服务社会来增强自身的社会责任感和实践能力。

在实施生产劳动类实践过程中，学生不仅要积极参与各类实践活动，还需注重总结和反思，形成系统化的实践经验和理论认识。通过生产劳动类实践，学生不仅能够掌握实际操作技能，而且可培养应对复杂工作环境的能力，弘扬艰苦奋斗精神，强化劳动服务意识，为未来步入社会和职业发展奠定坚实的基础。

3. 志愿服务类实践

志愿服务类实践是指学生自愿参与社区或社会组织的服务实践活动，通过提供志愿服务推动社会发展与进步的实践活动。其核心在于培养学生的社会责任感和公民意识。通过亲身参与，学生不仅能理论联系实际，而且能深刻理解他人尤其是弱势群体的需求，主动参与社会事务，增强同理心和社会责任感。

志愿服务类实践的形式多样，涵盖多个领域，包括义务支教、社区义工、环保宣讲活动等。义务支教活动是指学生前往教育资源匮乏地区开展教学服务，直接改善当地居民的教育状况。在社区义工服务中，学生通过陪伴老人、辅导儿童、帮助残疾人等活动，直接参与社区建设与服务，满足社区成员的实际需求。通过组织环保宣传、参加环保项目等，学生能够提高自身及公众的环保意识，推动环境保护事业的发展。

这些活动通常与社会工作、公共管理、环境科学等专业领域密切相关，要求学生具备一定的专业知识和技能，并通过实际行动来践行。志愿服务类实践不仅有助于个人成长，还可促进社会的和谐与进步，为学生未来的发展打下坚实基础。

4. 公益活动类实践

公益活动类实践是指学生主动参与或组织具有社会公益性质的活动，旨在推动社会公益事业的发展，实现社会价值和公共利益的活动。此类实践活动不仅关注短期的社会效益，更着眼于长期的社会影响，通过学生的实际行动，提升社会整体福祉，并促进公共意识的觉醒和发展。

公益活动类实践的核心特征在于对学生公益意识的培养和团队协作能力的提升。这类实践活动强调学生在具体行动中践行公益理念，通过实际的公益项目，探讨和解决社会问题，达成明确的社会公益目标。此外，公益活动类实践注重其社会影响力的扩大，通过广泛的社会动员和宣传，吸引更多公众关注和参与，从而形成一种积极的社会氛围，推动社会进步。学生在参与过程中，不仅能够锻炼自身的组织协调能力和沟通能力，还能通过团队合作，增强集体荣誉感和责任感，逐步形成良好的公民意识和社会责任感。

公益活动类实践的形式多样，涵盖了社会生活的各个方面，包括公益义卖、公益宣传活动、公益人员招募等。公益义卖是一种常见形式，学生通过组织义卖活动，筹集善款用于支持弱势群体或公益项目，直接参与资源配置与社会再分配。公益宣传活动旨在通过广泛的社会宣传，提高公众的认知水平和行为意识，推动社会观念的转变和政策的改善。公益招募活动通过吸引和培训公益志愿者，为各种公益项目提供人力资源支持，学生在此过程中不仅能提高自身的管理和组织能力，还能通过志愿服务传播公益精神。

这些活动通常要求学生具备一定的专业知识和技能，并通过实际操作提升个人素质和专业能力。这类实践不仅有助于学生的全面发展，还为社会公益事业的发展贡献了青年力量，是实现个人成长与社会进步的有效途径。

5. 科技发明类实践

科技发明类实践是指大学生通过深度参与科技创新、研究项目或各类竞赛活动，进行科技成果开发和创新实践的学习活动。这一类实践活动旨在培养学生的创新能力、科研素养和实际操作技能，推动科技进步和社会发展。

科技发明类实践具有鲜明的创新导向，强调学生创新思维的培养和科技实验能力的提升。其核心在于通过具体的实践活动，使学生能够将课堂上学到的理论知识应用于实际问题的解决，进而激发他们的创造力和创新潜力。同时，科技发明类实践追求高水平的学术成果，旨在促进学生对相关科技领域的深入理解，并推动其科研成果向实际应用的转化。科技发明类实践不仅包括发表高质量的学术论文和申请专利，还可能涉及技术转让与产业化应用。

科技发明类实践形式多样，涵盖了从科技竞赛、技术研发到实验室工作的各个方面。例如，学生可以通过参与国家级或国际级的科技竞赛，展示其创新成果并与同行交流；也可以在实验室中开展独立或团队合作的科研项目，探索未知领域并积累科研经验。

通过参与科技发明类实践，学生不仅能够系统掌握科学研究的方法和实验技能，培养严谨的科学态度和科研素养，还能提升解决实际问题的能力。这种实践经验为学生未来的学术研究和职业发展奠定了坚实的基础，增强了他们在科技领域的竞争力。同时，学生在实践过程中形成的创新意识和团队合作精神，也有助于其成为社会进步和科技创新的中坚力量。

6. 勤工助学类实践

勤工助学类实践是指大学生通过参与校内外工作岗位、实习或兼职等方式，结合理论学习，获得实际工作经验和职业技能的学习活动。这类实践旨在培养学生的职业素养、实际操作能力和社会适应能力。通过真实的工作环境和任务，学生能够将课堂上学到的理论知识转化为实际操作技能，增强其在未来职场中的竞争力。此外，勤工助学类实践还具有重要的经济支持功能，帮助学生通过工作获得经济收入，减轻其学习、生活的经济负担，保障其顺利完成学业。

勤工助学类实践形式广泛，涵盖了校内助教、科研助理、图书馆协管等校内岗位，以及校外实习、企业兼职等多种工作形式。学生不仅可以在校园内找到与自身专业相关的助教或科研助手岗位，还可以通过校外实习和企业兼职积累行业经验，了解市场需求和职业发展趋势。

　　勤工助学类实践的核心不仅在于帮助学生提升职场竞争力，还在于培养其独立生活能力和克服困难的勇气。在实际工作中，学生需要面对各种挑战和问题，这不仅锻炼了他们的应变能力和解决问题的能力，也可让他们更好地理解团队合作的重要性，学习人际交往的技巧。同时，通过自力更生赚取生活费用，学生能够更加珍惜自己的劳动成果，树立勤俭节约的意识，增强对社会的感恩之心与责任感。勤工助学类实践还为学生未来的职业生涯打下了坚实的基础，使其在毕业后能够更快地适应职场环境，实现从校园到职场的过渡。

(二)社会实践活动的常见主题

1. 美丽乡村实践团

　　美丽乡村实践团着眼于帮助和引导更多青年学生了解认知当前的乡村状况，积极参与美丽乡村建设。美丽乡村实践团面向广大农村特别是中西部地区、少数民族聚居区和欠发达地区的乡村，组织开展生态保护、乡村规划、文化传承、志愿服务等形式的实践活动，致力于推动乡村环境治理、文化传承与可持续发展。

2. 科普宣讲实践团

　　科普宣讲实践团着眼于提高公众科学认知与素养，致力于传播科学知识，普及科学文化，推动科学精神的弘扬与发展。科普宣讲实践团面向全国各地特别是科普资源相对匮乏的地区，组织开展多种形式的实践活动，如科普讲座、科学实验示范、科技展览、科普教育培训等。

3. 理论宣讲实践团

　　理论宣讲实践团紧密围绕学习贯彻习近平新时代中国特色社会主义思想，组织引导青年学生将理论学习与社会实践相结合，将学习党的历史与讲述党的故事结合起来，深入一线基层、深入人民群众，面对面开展小规模、互动式、有特色、接地气的宣讲活动。

4. 国情观察实践团

国情观察实践团注重以脱贫攻坚历史性成果、全面建成小康社会决定性成就等为现实教材，组织青年学生开展参观考察、国情调研、学习体验等活动，引导青年学生领悟党的领导、领袖领航、制度优势、人民力量的关键作用，形成正确认识，坚定理想信念。

5. 助残扶困实践团

助残扶困实践团着眼于帮助和引导更多青年学生了解当前残障人士和贫困群体的状况，积极参与助残扶困工作，面向社会各地特别是欠发达地区，组织开展各种形式的实践活动，如康复辅助设备捐赠、关爱义教、扶贫调研、志愿服务等，提高社会对残障人士和贫困群体的关注度，促进社会公平和包容，鼓励更多的人关心、支持和帮助这些需要帮助的群体。

6. 文化传承实践团

文化传承实践团着眼于弘扬和传承中华优秀传统文化，面向全国各地尤其是文化资源丰富但保护力度相对薄弱的地区，组织开展多种形式的实践活动，如非物质文化遗产调研、传统工艺体验、民俗文化宣传、历史遗迹保护、文化交流等，增强社会各界对传统文化的认知与重视程度，激发青年学生对民族文化的自豪感和责任感，同时促进不同地域文化的交流与融合。

7. 创新创业实践团

创新创业实践团致力于引导更多年轻人积极投身创新创业事业，助力国家经济高质量发展，面向全国各地特别是经济活力较强和创新资源集中的地区，组织开展多种形式的实践活动，如创业知识培训、创新项目孵化、企业参访交流、创业模拟竞赛、市场调研分析等，旨在提升大学生的创新思维和创业能力，帮助他们把握时代机遇，扛起时代担当。

8. 健康中国调研实践团

健康中国调研实践团着眼于帮助和引导更多青年学生了解和关注当前的公共卫生状况，面向基层社区特别是医疗资源相对匮乏的地区，组织开展多种形式的实践活动，如健康知识宣讲、义诊咨询、疾病预防宣传、心理健康辅导、调研献策等，通过活动提高公众的健康意识和自我保健能力，促进全民健康水平的提升。

9. 社区服务实践团

社区服务实践团面向社区和居民，组织开展多种形式的实践活动，通过搭建多元化的服务平台，促进高校与社区、社会组织间的合作，形成良好的社会服务生态环境，通过实践服务，引领建设和谐社区，推动社会文明进步。

(三)社会实践活动的育人功能

在高等教育中，社会实践作为一种综合性学习方式，不仅是学生获取知识和培养技能的重要途径，更是开展大学生综合素质教育的关键环节。通过参与各类社会实践活动，学生能够在知识、技能和价值观等多维度实现全面发展与提升。

1. 知识维度

知识维度主要表现在：社会实践使参与者能够深入了解社会、国情和专业知识。通过实地调研和参与社会活动，学生能够直接感受社会发展的实际情况和背景，这种实践经验比课堂上的理论学习更加生动。同时，社会实践还培养了学生的劳动技能，例如，在社区服务或环保活动中的实际操作，提升了学生的实践能力与专业技能。

2. 技能维度

技能维度主要表现在：社会实践强化了学生的调查能力、组织协调能力和创新能力。在实践过程中，学生需要通过有效的信息收集与调研分析来解决实际问题，从而提升调查研究能力。同时，在实践过程中，学生需要合理分配资源和任务，确保活动顺利进行，因而组织和协调能力在团队合作和活动筹备中可得到锻炼。此外，社会实践鼓励学生创新思维，引导学生探索挖掘解决问题的新方法与新路径，从而有效培养学生的创造力与问题解决能力。

3. 价值观维度

价值观维度主要表现在：社会实践促进了学生自主意识、志愿精神和奋斗精神的形成与发展。在实践活动中，学生不仅仅是被动的知识接受者，更是社会的积极参与者和变革推动者。实践中的挑战与困难培养了学生自主解决问题的意识和能力；通过参与志愿服务和社区建设，学生的社会责任感和奉献精神得到增强。在实践中的坚持和努力，培养了学生面对困难时的顽强拼搏精神，使其具备了应对未来挑战的能力。在实践中，学生更加深入地了解国情、社情、民情，增强中国特色社会主义道路自信、理论自信、制度自信、文化自信，增强思想政治素质，培育爱国主义情怀与社会责任感。

三、社会实践活动的项目化分析方法

(一)项目管理

所谓项目管理，就是项目的管理者在有限的资源约束下，运用系统的观点、方法和理论，对项目涉及的全部工作进行有效管理，即从项目的投资决策开始到项目结束的全过程进行计划、组织、指挥、协调、控制和评价，以实现项目的目标。项目管理可以分为以下五个过程组。

（1）启动过程组：确立项目目标、范围，明确项目的可行性，制定项目章程，明确项目组织架构，指定项目经理，为项目的开展奠定基础。

（2）规划过程组：根据项目范围，进行任务分解，制订项目计划，包括范围、时间、成本、质量、人力资源、沟通、风险防控和采购等方面的计划，确保项目各方面计划完备，为项目实施提供明确的指导。

（3）执行过程组：根据项目计划进行实际操作，包括分配资源、监督团队、沟通信息、实施质量控制等。项目经理需要确保项目按照计划进行，通过有效调动团队积极性来保障项目顺利推进。

（4）监控过程组：对项目的实际进展进行监控，与计划进行对比，发现偏差，采取措施进行调整。监控过程组需要定期收集项目进度、成本、质量等方面的数据，分析项目状况，确保项目按计划进行。

（5）收尾过程组：完成项目交付物，对项目成果进行验收。项目经理需要确保项目成果符合客户要求，总结项目经验教训，为以后的项目提供参考。收尾过程组还包括对项目团队的解散和对项目资源的回收。

（二）5W1H 分析方法

5W1H 是一种结构化分析方法，又称"六何分析法"，即何事（What）、何时（When）、何地（Where）、何人（Who）、何因（Why）、何法（How）。该方法可准确界定、清晰表述问题，有助于高效、全面、条理化思考和分析问题，避免关键要素的遗漏，简单、方便、易于理解。

（三）社会实践活动分析框架

社会实践作为一种重要的教育活动，通过系统的项目分析方法能够更有效地实现其育人目标。综合项目管理的过程划分和 5W1H 分析方法，本书提出 3W4P 的社会实践活动分析框架，即 Why、Purpose、Who、Point、Path、What、Plan、Program，系统化分析社会实践活动，具体内容如下。

（1）Why——选题背景及问题分析。在进行社会实践项目之前，首先需要明确为什么选择特定的主题或问题。选题背景与问题分析阶段是项目设计的起点，其目的在于确立项目的社会需求性和实践的重要性。通过深入分析社会现实中存在的问题或需求，可以明确项目的价值与意义，从而为后续的设计和实施奠定基础。

（2）Purpose——基本思路和主要目标。在明确选题背景后，确定项目的基本思路和主要目标至关重要。基本思路应包括项目的整体策略和实施方向，主要目标则要明确项目期望达到的具体成果和影响力。这些目标不仅包括学术性的研究成果，还可能涉及社区服务、政策建议等方面，因此需要在这一阶段明确目标的可操作性和实现路径。

（3）Who——项目团队。项目团队的构成直接影响到项目的实施效果和成果。这一部分需要详细介绍项目团队的组成结构、成员背景与专业能力。团队的多样性和协作能力是确保项目成功的关键因素，因此在这里需要强调团队成员之间的合作方式和分工安排。

（4）Point——关键问题。社会实践项目的关键在于解决现实中的关键问题。这一部分需要具体分析社会调查的方法与结果，明确项目的核心问题和研究重点，同时还要识别和分析项目可能面临的难点与挑战，如资源限制、社会接受度等，以便制定相应的应对策略。

（5）Path——实现路径。实现路径是项目实施的具体步骤和方法论。这一部分需要详细描述项目的实施步骤、资源整合方式以及风险管理策略。项目的顺利实施依赖于有效的资源配置以及风险预测与应对能力，因此需重点强调项目管理的重要性，并细化计划实施的具体环节。

（6）What——特色及成效。项目的特色和成效是评价项目成功与否的重要标准。这一部分需要分析项目的独特性和创新性，以及项目实施后所达到的具体成效和社会影响，需要特别关注项目对学生个人能力和社会环境的积极影响，以便全面评估项目的价值和意义。

（7）Plan——推广计划。推广计划是确保项目可持续发展和影响力扩展的关键措施。这一部分需要明确项目的推广策略和推广目标，包括如何利用媒体宣传、社会影响力和合作伙伴资源来扩大项目影响范围并增强持续性，还需要考虑项目推广过程中可能面临的挑战及应对措施。

(8)Program——方案撰写。项目方案撰写是将所有前期分析和计划整合成具体实施步骤的过程。这一部分需要遵循策划书的格式要求，详细描述项目的时间表、预算、评估方法和团队管理等具体内容，以确保项目能够按计划顺利实施并达到预期效果。

社会实践活动项目一般要经历以上的步骤，通过以上问题的解决，一个项目基本成形。

四、社会实践活动开展中常见问题及方法

社会实践是一个系统工程，在实施过程中不仅要经历以上各个步骤，往往还会面临诸多问题和挑战。识别并分析这些常见问题，制定有针对性的解决方案，就显得尤为重要。

(一)选题的基本原则和方法

选择社会实践活动的题目是非常关键的，以下思路可以帮助团队进行选择。

(1)兴趣和热情：应优先考虑团队成员的兴趣和热情。选择感兴趣的主题，可以让团队成员更有动力投入其中，也更容易坚持完成实践活动。

(2)社会影响和意义：考虑选题的社会影响和意义。选择一个能够为社会带来积极影响或者解决实际问题的主题，这样不仅能提升团队成员的学术能力，也能为社会作出贡献。

(3)专业相关性：确保选题与团队成员的专业相关或能够提升团队成员专业知识储备与技能。这样做不仅有助于团队成员的学术成

长，还可以增强其就业竞争力。

(4)资源和可行性：考虑选题可以利用的资源和实施的可行性。选择一个能够在团队成员所在地区或者能够获取到资源的范围内实施的主题，避免选择过于抽象或难以实施的主题。

(5)与导师或老师的讨论：与导师或老师讨论选题想法，他们可能会提供宝贵的建议和指导，帮助团队确定一个合适的实践主题。

(6)现有研究和实践经验：查阅相关文献或了解现有的社会实践案例，参考类似的研究或实践经验，从中获取灵感并作出选择。

(7)可持续性和长期发展：考虑选题的可持续性和长期发展性。选择一个能够长期进行并且可能带来持续影响的主题，可以增加团队成员的实践经验和项目的影响力。

通过以上思路，团队可以更有针对性地选择一个适合的社会实践主题，确保实践活动能够达到预期的效果。

(二)环境分析的步骤

PESTEL 分析模型是一种用于评估外部环境影响的工具，不仅能够分析外部环境，而且能够识别一切对组织有冲击作用的力量。PESTEL 是一个首字母缩略词，代表以下六个因素。

(1)政治因素(Political)：对组织经营活动具有实际与潜在影响的政治力量，以及相关的政策、法律及法规等因素。

(2)经济因素(Economic)：组织外部的经济结构、产业布局、资源状况、经济发展水平以及未来的经济走势等。

(3)社会文化因素(Sociocultural)：组织所在社会中成员的历史发展、文化传统、价值观念、教育水平以及风俗习惯等因素。

(4)技术因素(Technological)：不仅仅包括那些引起革命性变化的发明，还包括与企业生产有关的新技术、新工艺、新材料的出现和发展趋势以及应用前景。

(5)环境因素(Environmental)：一个组织的活动、产品或服务中能与环境发生相互作用的要素。

(6)法律因素(Legal)：组织外部的法律、法规、司法状况和公民法律意识等。

PESTEL 是在 PEST 分析基础上加上环境因素(Environmental)和法律因素(Legal)形成的，一般通过这六个因素可以分析组织或项目所面临的状况。

(三)常见的团队组建方法

团队是现代组织中不可或缺的一部分，它能够集合多个人的力量，共同完成任务和达成目标。然而，有效地组建一个团队并使其发挥最大的作用并不容易。以下是团队组建的具体步骤方法。

(1)明确任务和目标：明确团队的任务和目标是非常重要的。一个团队的存在是为了完成某个特定的任务，而不是为了简单地聚集在一起。因此，团队成员需要清楚地知道他们的任务是什么，他们需要完成什么样的目标。这个步骤的关键是确保团队成员对任务和目标有共识，并且能够在整个过程中保持一致。

(2)确定团队成员的角色和责任：在团队组建的过程中，确定每个团队成员的角色和责任是至关重要的。每个人都应该清楚地知道自己在团队中的角色，以及他们需要承担怎样的责任。这有助于避免团队中的混乱和冲突，并确保每个人都能够在团队中发挥自己的最佳水平。

(3)建立有效的沟通机制：一个高效的团队需要建立有效的沟通机制。成员之间应该能够自由地交流和分享信息，以便更好地合作和协作。建立一个开放、透明的沟通渠道，可以帮助团队成员更好地理解彼此，解决问题，并快速作出决策。在这个过程中，领导者应该扮演促进沟通的角色，鼓励团队成员发表意见和想法。

(4)培养团队合作精神：团队合作是团队成功的关键。在团队组建的过程中，领导者应该努力培养团队成员之间的合作精神。这可以通过组织团队活动、鼓励团队成员之间的互相帮助与支持来实现。此外，建立一种积极的团队文化也很重要，鼓励团队成员相互合作、共享成功。

(5)建立良好的决策机制：在团队组建的过程中，决策是一个重要的环节。建立一个良好的决策机制可以帮助团队更好地作出决策，并减少冲突和分歧。这可以通过明确决策的过程和标准、鼓励团队成员参与决策，以及建立一个开放、透明的决策环境来实现。

(6)持续监督和评估：持续监督和评估团队的表现是非常重要的。团队组建不是一蹴而成的，而是一个持续的过程。领导者应该定期监督团队的进展，评估团队的表现，并根据需要进行调整和改进。这可以帮助团队保持高效，不断提高团队的绩效。

(四)风险的种类及应对方法

大学生在社会实践过程中常见的风险包括安全风险、技术风险、法律风险等，针对不同的风险实施相应的防范策略。

1. 针对安全风险的防范策略

(1)制订详细的安全管理计划：包括交通安排、食品卫生控制和紧急情况的应对措施，确保每位成员了解和遵守安全规定。

(2)购买适当的保险：选择适合的保险种类，覆盖参与者在活动期间可能面临的健康和财产损失，确保能够及时获得支援和赔偿。

2. 针对技术风险的防范策略

(1)持续学习和更新技术知识：确保团队成员保持对信息安全和网络威胁最新发展的了解，可以通过参加培训、研讨会或在线课程来实现。

(2)建立应急预案：制定针对可能的网络攻击和安全漏洞的详细应对方案，包括备份重要数据、定期更新系统和软件、建立紧急联系渠道等。

(3)进行安全审计：定期进行安全审计，如漏洞扫描，确保系统和应用程序的安全性，及时修补漏洞。

(4)采用安全技术和工具：使用安全防护软件、加密通信和存储数据，以最大程度地减少信息泄露和未经授权访问的风险。

3. 针对法律风险的防范策略

(1)遵守相关法律法规：特别是根据个人信息保护相关法律要求，需确保在数据收集、存储和处理过程中严格遵守法律法规，获取参与者的明确同意，并切实保护其个人信息安全。

(2)法律意识培训：团队成员接受相关的法律培训，提高对法律风险的认识和理解，确保项目操作合法、合规。

(五)项目实施的基本原则

在组织社会实践活动时，任务分工是确保活动高效执行的关键之一。SMAT 原则是一个有效的分工原则，有助于每个任务都得到适当的分配和执行，SMAT 原则的具体含义如下。

(1)Specific(具体性)：确保每一个任务都非常具体和明确。任务描述应该清楚地指定任务的内容、目标和期限，避免模糊不清的任务分配。

(2)Measurable(可衡量性)：确保每个任务可以被量化和衡量。任务的完成标准和成果应该是明确的，可以通过具体的指标或标准来评估任务的完成程度。

(3)Achievable(可行性)：确保每个任务在资源和时间上是可行的。任务分配时需综合考虑团队成员的能力和可用资源，以确保任务能够在给定条件下完成。

(4)Time–bound(时间限定性)：确保每个任务有明确的截止日期或时间表。每个任务都应该有具体的完成时间，以便有效地监督进度和调整计划。

在社会实践中采用 SMAT 原则进行任务分工，可以帮助团队避免任务分配不当、目标不清晰或时间安排不合理等问题，从而提高活动的执行效率和成果质量。

(六)项目创新的方法及常规步骤

头脑风暴法是一种旨在激发创造性思维、集思广益的技术方法。

它的核心理念是通过集体讨论和思维跳跃，产生尽可能多的想法和解决方案，而不受评判和批评的束缚。头脑风暴法的关键在于开放、积极的参与氛围，确保每个人都有机会贡献想法，从而达到创新和解决问题的目的。以下是头脑风暴的基本操作步骤。

(1)设定明确的目标或问题：明确需要解决的问题或要达成的目标，确保所有参与者都理解问题的核心和范围。

(2)确定参与者：选择参与头脑风暴的团队成员，通常包括具有相关知识或经验的人员，以确保参与人员的多样化和全面性。

(3)设定规则：明确头脑风暴的规则和原则，如禁止批评、鼓励创新等，确保每个人都知道他们可以自由表达想法，而不用担心被否定。

(4)生成想法：鼓励自由发挥，参与者可以自由发表任何与问题相关的想法，不论其看似多么奇怪或不切实际，避免自我审查或过度分析。

(5)记录想法：确保所有提出的想法都被记录下来，可以使用白板、便笺纸或电子设备进行记录。

(6)整理和讨论：在所有想法被提出后，对它们进行分类、整理或合并，讨论每个想法的可行性、优缺点或可能的应用。

(7)评估和选择：评估并选择最有潜力、最具可行性的想法或解决方案，通常需要根据先前的讨论和评估标准进行选择。

(8)实施和追踪：将选择的想法或解决方案进一步推进到实施阶段，并跟踪其执行效果。

(七)项目优势梳理方法及步骤

可以通过 SWOT 分析整合资源，梳理项目优势。所谓 SWOT 分析，就是基于内外部竞争环境和竞争条件下的态势分析，将与研究对象密切相关的各种主要内部优势(Strengths)、劣势(Weaknesses)和外部的机会(Opportunities)、威胁(Threats)等，通过调查列举出来，并依照矩阵形式排列，然后用系统分析的思想，把各种因素相互匹配起来加以分析，从中得出一系列相应的结论。这种方法不仅有助于团队深入了解自身状况，还能为团队在实践过程中提供有力的支持。SWOT 分析法的具体步骤包括以下几个方面。

（1）识别优势：包括团队具有的资源与能力，如团队成员的技能、知识、经验，以及可利用的资源（如资金、设备、人员等）；支持与关系，如学校、社区、组织等能够提供的支持或已有的良好关系；项目的独特性，例如，团队项目与其他类似项目的区别，创新的做法或特殊的服务对象等。

（2）识别劣势：包括识别团队在资源上的不足，如人力、物力或财力的缺乏等；经验不足，如团队成员在社会实践方面的经验缺乏等；时间限制，如团队成员可用于活动的时间不够等。

（3）识别机会：包括关注政策支持，比如政府或学校对社会实践活动的支持；社会需求，如社区中尚未被满足的需求；合作机会，如已有项目能够提供的支持，或者与其他团体可能开展的合作。

（4）识别威胁：通过外部环境分析，识别可能影响活动成功的外部因素，如经济不景气、法律法规的变化等；梳理项目或者团队面对的竞争或潜在冲突，如其他组织或项目可能会争夺资源或参与者等；负面反馈，项目开展过程中可能遇到的舆情风险等。

在完成 SWOT 分析后，整理出每个部分的关键点，通过对比，可以梳理出项目优势，进而制定具体的行动策略和实施方案，利用优势来抓住可能的机会，弥补劣势以应对威胁。

（八）实践项目申报书的基本要件

实践项目申报书主要包括以下内容。

（1）项目背景：介绍项目的背景，包括相关社会问题、需求和研究现状，阐述项目的重要性和意义。

（2）项目目的与意义：明确项目的目的和预期成果，说明该项目对社会、学校及自身的意义。

（3）项目内容：描述项目的具体内容，包括实践活动的形式（如调研、志愿服务、文化交流等)、主要活动安排和实施步骤、预期的具体成效(如解决某一社会问题、提高某项技能等)。

(4)项目实施计划:明确项目的时间安排、实施步骤、实施场所等,如制定详细的时间表,标明各阶段的时间节点,说明项目实施的地点(如社区、学校、企业等)。

(5)项目团队:列出参与项目的人员及其分工,包括团队成员及各自的职责,如有指导老师,须注明其姓名和联系方式。

(6)资源需求:列出项目实施所需的资源,包括资金、材料、设备等,说明资金来源(如自筹、赞助等)和预算明细。

(7)风险评估与应对措施:识别项目中可能遇到的风险,并提出相应的应对策略。

(8)预期成果与评估:描述项目完成后预期达到的成果(如调研报告、活动总结等),总结项目可能的创新点,同时说明如何评估项目的实施效果。

(9)附录(可选):相关的调查问卷、访谈记录、图片等辅助材料,以辅助展示项目的前期准备情况和实施方案,充实项目的申报材料。

(九)实践育人价值的实现——成就故事

实践育人价值的实现可以通过成就故事进行展示。成就故事可以帮助实践者通过对实践活动的深入分析,展示自己的成就、技能和经验,有助于总结行动经验,内化素质能力,提升成就价值。同时,成就故事还可以为将来的岗位面试提供良好的素材。以下是写作成就故事的基本内容及步骤。

(1)引入/背景:介绍背景信息时需说明面临的挑战、任务或目标,并阐述该成就对个人/组织的重要价值。这部分应清晰呈现当时的情境压力、预期成果与实际意义的关联性。

(2)行动/方法:描述采取的具体应对行动时,需详细说明选择的策略、解决问题的方法,以及实际执行的具体工作内容。这部分应突出体现决策能力、创造力或团队合作精神。

（3）困难/挑战：指出实现目标过程中的主要挑战或障碍，量化说明困难程度，阐述克服方法，并提炼学习收获。这部分应展示抗压韧性、问题解决能力和应对压力的能力。

（4）成果/结果：描述最终取得的成果或达到的结果，可以是项目的成功实施、目标指标的达成、获得的奖项或荣誉，或者对团队或组织产生的积极影响。这部分要清晰阐明工作产生的实际影响与价值。

（5）总结/反思：总结从这次实践活动经历中学到的关键教训与洞见，可以是对自身能力的认知、职业兴趣的发现，或针对未来类似挑战的改进建议。这部分应体现个人成长和自我反省能力。可将成就故事分享给他人，如导师、朋友，以获得他们的反馈和建议。这些反馈能帮助完善成就故事表述，进而强化能力认知、提升信心与价值获得感。

概括而言，社会实践活动既遵循着一般性分析框架，又因类型与特点各异，需应对不同的重点问题。在后续案例展示部分，本书精选九个典型案例，一方面分别侧重于回应上文中关于社会实践中的九个常见问题，分类型呈现解决路径；另一方面以本书提出的一般性分析框架（5W4P分析框架）贯穿案例全过程，力求系统还原实践活动的完整链条。期望通过这些案例，既能展现重点问题的破解之策，又能呈现系统性分析视角，为社会实践活动的开展提供切实可行的借鉴。

第一章　礼敬中华实践项目案例

礼敬中华实践项目着眼于传承和弘扬中华优秀传统文化，通过开展"家"主题文化实践、文化经典研读、海南黎族文化体验等活动，激发青年学生对民族文化的自豪感和责任感，同时促进不同地域文化的交流与融合。其中开展的"晒家训扬家风，践行核心价值观"中华优秀传统文化主题实践活动获评教育部礼敬中华特色展示项目，该项目也获评海南省高校精品思政项目、海南大学优秀社会实践项目。

一、案例介绍

(一)项目背景

中华优秀传统文化是中华民族在几千年发展历程中积淀下来的丰富精神遗产，是中华文明的重要组成部分，这些文化遗产不仅是我们民族身份和价值观的象征，更是我们在全球化背景下保持文化自信和民族自豪感的重要源泉。

然而，随着现代化进程的不断推进，尤其是在信息化和全球化的双重冲击下，传统文化面临着前所未有的挑战。一方面，西方文化的大量涌入使得年轻一代对本土文化的认同感逐渐减弱；另一方面，快速的经济发展和城市化致使许多传统文化载体和表现形式流失、变异。因此，如何保护和传承中华优秀传统文化，增强文化自觉和文化自信，已成为当下亟待解决的重要课题。

大学生作为社会的重要组成部分和未来的建设者，不但肩负着学习和研究中华优秀传统文化的重任，而且在文化传承和创新中扮演着不可或缺的角色。他们具有较高的文化素养和创新能力，能够通过多种形式将传统文化与现代社会需求相结合，从而实现传统文化的创造性转化和创新性发展。当前，许多大学生对中华传统文化的了解和认知仍然较为有限，对其背后的深厚历史和精神内涵缺乏深入认识。

为了响应国家关于弘扬中华优秀传统文化的号召，促进大学生对传统文化的认识和传承，我们组建"礼敬中华社会实践队"，旨在通过一系列丰富多彩的社会实践活动，深入挖掘和宣传中华优秀传统文化的精髓，使大学生在亲身体验和主动参与中，进一步理解和认同中华优秀传统文化的价值，从而达到传承和弘扬中华优秀传统文化的目的。

(二)环境分析及关键问题确定

近年来，随着国家对中华优秀传统文化传承与发展的重视，各高校纷纷开设相关课程并组织相关文化实践活动，以丰富学生的文化知识和实践经验。许多高校在课程体系中增加了与传统文化相关的选修课和必修课，如中国古代文学、中国传统哲学、民俗学等。这些课程帮助学生系统地学习和理解传统文化的内涵和价值。同时，各类与传统文化相关的校园活动频繁举办，包括传统节日庆祝、书法绘画比赛、音乐舞蹈表演、传统手工艺工作坊等。这些活动不仅增强了学生对传统文化的兴趣，还给学生提供了实际体验和动手操作的机会。部分高校积极组织学生参加社会实践，深入传统文化资源丰富的地区进行调研和体验，如参观历史遗址、拜访非物质文化遗产代表性传承人、参与地方文化节庆活动等。这些实践活动有助于学生将课堂所学与实际生活结合起来，深化对传统文化的认识。不仅如此，许多高校和文化机构还通过网络平台提供丰富的传统文化资源，如在线课程、虚拟博物馆、数字图书馆等，为学生自主学习和研究传统文化提供了便利条件。

尽管高校在传统文化教育方面取得了一定进展，使大学生对传统文化有了更多了解，但仍然存在一些不足之处，主要包括以下几个方面。

一是课程内容深度不足。虽然高校开设了不少传统文化课程，但部分课程内容较为浅显，缺乏深入探讨和系统性设计，难以全面满足学生的学习需求。此外，一些课程缺乏与现代社会和国际视野的结合，未能充分展示传统文化的当代价值和全球意义。

二是实践活动开展仍然有限。尽管社会实践活动在增强学生对传统文化的理解方面具有重要作用，但由于资源和经费限制，很多高校难以提供足够的实践机会。此外，实践活动的组织和安排也存在一定的随意性和短期化，难以形成持续有效的教育效果。

三是专业力量薄弱。传统文化教育需要高水平的专业师资，但目前不少高校的相关教师队伍较为薄弱，既缺乏数量，又缺乏具备深厚学术背景和丰富实践经验的专家，在一定程度上限制了传统文化教育的质量和效果。

四是学生参与度不均。虽然传统文化教育活动不断开展，但是由于形式单一，学生的参与度和积极性存在差异。

基于以上分析，高校开展传统文化教育实践，提升大学生的传统文化素养，可以从以下几个方面着手。

一是深化理论教育宣讲。加强传统文化理论宣讲、经典研读等，提升传统文化知识水平。积极开发传统文化课程，注重将传统文化与现代科技、社会发展等领域相结合，提升传统文化理论体系建设，为传统文化实践奠定理论基础。

二是拓展实践平台。广泛开展传统文化实践活动，建立长期稳定的实践基地和合作机制，确保学生能够获得更多实地调研和体验的机会。积极与地方政府、文化机构合作，共同开发和利用文化资源，提高实践活动的质量和影响力。

三是加强专业团队建设。通过引进高水平专家学者、加强教师培训等途径，提升传统文化教育专业队伍的整体水平。鼓励相关宣讲团队开展相关学术研究和社会服务，增强其宣讲内容的前沿性和实用性。

四是创新活动形式。通过创新教学方式和活动形式，激发学生对传统文化的兴趣和热情，如利用新媒体技术开展互动式教学、举办文化创意竞赛、设立奖学金和荣誉称号等，激励学生积极参与和深入学习。同时，利用校园媒体、社交网络等多渠道宣传传统文化教育活动，扩大其影响力和覆盖面。组织优秀学生代表分享学习和实践经验，以榜样的力量带动更多学生关注和参与传统文化教育。

通过以上改进措施，我们相信能够进一步提升大学生传统文化教育的效果，并培养更多具有文化自觉和文化自信的新时代青年，为中华优秀传统文化的传承和创新贡献力量。

(三)主要目标及基本思路

礼敬中华实践项目的主要目标及基本思路可概括为：一个核心、四个融合、三个维度、四个步骤，简称"1434模式"。即紧密围绕立德树人的核心目标，通过将中华优秀传统文化同新生适应性教育、校园文化建设、学生党员教育、主题实践活动融合，贯通学校、家庭、社会三个维度，通过学、行、悟、领四个步骤，将青年大学生培养成为中华优秀传统文化的学习者、践行者、受益者与引领者。

(1)学：学习传统经典。向学生发放《大学》《中庸》《颜氏家训》《朱子治家格言》《弟子规》等经典读物，开展经典晨读等活动。

(2)行：践行传统美德。布置寒暑假作业，要求学生完成走访、体验等实践活动，并按要求提交成果，让学生在实践中亲身践行中华优秀传统文化。

（3）悟：体悟经典内涵。采用开展各团支部主题团日分享活动、优秀作业作品展示、学生代表座谈会等多种形式，提升实践内容，让学生在实践中体悟中华优秀传统文化的魅力。

（4）领：引领道德风尚。学生通过学、行、悟，将中华优秀传统文化内化于心，外化于行，传递中华优秀传统文化正能量，成为学习践行中华优秀传统文化的领头人。

（四）主要的实施内容

礼敬中华实践项目的实施内容主要包括以下几个方面。

1. 传统经典研读

品读诸如《颜氏家训》等经典著作，感受家风家训的智慧。《颜氏家训》是中华民族历史上第一部内容丰富、体系宏大的家训，直接开后世家训的先河，是我国古代家庭教育理论宝库中的一份珍贵遗产。该书经过千年实践的检验，流传至今仍具有积极意义。让浮躁的心灵感受传统家风家训中的智慧，请在假期静心熟读《颜氏家训》，反观反省自己的言行，以之修身，以之养心，并撰文以记之。

2. 晒家训，扬家风，说说我的家族故事

假期开展探寻家风家训的活动，一起来聆听家族故事，让承载着中华文明传统基因的家风家训，成为滋养青春情怀的食粮。要求拜访至少一位家族中或身边的长者（请拍照或视频以作纪念），围绕家风家训、家族故事进行访谈，完成人物访谈录；整理自己家或亲戚家、邻居家的家风家训（也可以和家人一起总结撰写家风家训，以传后代，以养品德），用文字记录家风家训，阐述其含义，记录家族故事，记录自己整理过程的感受（整理过程请拍照或视频以作纪念）；用图片或视频等形式记录家谱、家乡民俗或祭祖活动。

3. 探寻传统技艺，传承中华文化

传统技艺是中华优秀传统文化的重要组成部分，凝聚着民族的性格、民族的精神、民族的文化创造、民族的真善美。如果身边有掌握这些传统技艺的人，那么假期请走进他们的生活，体会中华传

统技艺的魅力。用相片或视频记录这些传统技艺，也可以用文字讲述传统技艺的兴衰发展及自己的感受，还可以尝试学习这些传统技艺。自己制作的传统技艺作品，亦可成为这份作业的独特呈现形式。

4. 敬老社区服务活动

敬老社区服务活动旨在通过组织大学生走进社区，为老年人提供多样化的服务，传承孝道文化，弘扬尊老美德，同时提升大学生服务社会的意识和能力。前期通过调研，了解社区老年人的需求，包括生活照料、健康咨询、心理关怀等方面，针对这些需求，制订详细的服务计划，并进行相关培训，使学生掌握基本的护理技能和沟通技巧。开展定期的社区服务活动，组织学生志愿者前往社区，为老年人提供上门服务。服务内容包括家务帮忙、陪同就医、健康知识宣讲、心理疏导等，同时，结合传统节日，如重阳节、中秋节等，进行特别的节日慰问活动，增强老年人的归属感和幸福感。邀请专家进行专题讲座，深入探讨孝道文化的内涵和现代意义，增强学生对传统文化的理解与认同，提高服务的专业性和有效性。

5. "家"文化研习交流活动

"家"文化研习交流活动旨在通过组织专题研讨和实践活动，梳理家文化理论体系，传播和谐家庭文化，弘扬社会主义核心价值观。成立"家"文化研习小组，成员包括对传统文化有兴趣的学生、相关专业的教师及学者，通过前期调研，选定家风家训、家庭教育、亲子关系等主题，开展研习计划和调查研究。定期举办专题讲座和读书会，邀请专家讲解家文化的历史渊源、发展脉络和现代意义。通过阅读经典文献和分析案例，学生们将深入理解家文化的核心理念和实际应用。鼓励学生撰写学习心得和论文，进行学术交流和讨论，提升理论素养。

在理论学习的基础上，组织实践活动。联系当地家庭或社区，开展"走进家庭"调研，了解不同家庭的家风家训和教育模式。通过实地考察和访谈，积累第一手资料，为理论研究提供支持。同时，举办家庭文化交流会，邀请家庭代表分享经验，促进不同家庭之间的互动和学习。为了扩大活动的影响力，可以通过校园广播、校报、网络平台等多种渠道宣传活动进展和成果，吸引更多的学生和家庭参与。此外，制作"家"文化专题展览，展示优秀家风家训和典型案例，让更多的人了解和重视家庭文化。最后，定期进行总结和反思，评估活动效果，提出改进建议，并形成系列研究报告和宣传资料，为"家"文化的传承和弘扬提供理论支持和实践参考。通过一系列研习和交流活动，"家"文化的内涵将得到深入理解和广泛传播，促进家庭和社会的和谐发展。

（五）活动成效

1. 育人有成效

礼敬中华实践项目通过文化育人工程，以孝道为切入点，培养学生的家国情怀、责任担当，提高了学生的品德修养，将思想政治教育融入生活，融入实践，提高了教育的实效性。活动开展几年来，班风、学风有了很大进步，学生自律性提高。对参与该项目的150余名学生进行了个体访谈，其中58.2%的受访者表示该实践活动令自己改变了对中华优秀传统文化的态度，38%的受访者表示自己现在对中华优秀传统文化兴趣浓厚，开始深入了解学习中华优秀传统文化。有些学生还申报了学校的文化育人专项课题，进行理论研究。2022届学生调查问卷显示，62%的学生表示通过主题实践活动，提高了自己的传统文化素养，80%的学生认为中华传统文化主题实践活动，直抵心灵深处，促进了自己的行动。

活动开展以来得到家长的积极响应，家长对此项活动给予高度认可。同时，对中华优秀传统文化的学习与践行，从学校走向家庭，由学生扩展到家长，由书本拓展到实践，学校、家长合力，学生、家长共同行动来学习践行中华优秀传统文化，在社会上产生了积极影响。

2. 社会有影响

学校在开展活动过程中，积极通过网络等形式进行宣传推广，同时主动与当地媒体联系，宣传活动开展情况，扩大活动的社会影响力。海南省关心下一代工作委员会网站宣传了海南大学开展《弟子规》学习践行分享活动；《海南日报》《南国都市报》等媒体报道了"海大新生入学教育第一课，学会感恩"活动；《海口日报》报道了海南大学开展的"大学生与国学经典共成长"讲座情况；《南国都市报》以"大学辅导员，别样的老师，一样的精彩"为主题，宣传海南大学辅导员韩胜丁"借力优秀传统文化，以爱润心"工作情况。

(六)推广计划

1. 组建专业队伍，加强理论研究，夯实理论基础

为了确保礼敬中华社会实践队的活动能够持续、高效地进行，首先需要组建一支专业化的队伍。这支队伍不仅应包括对传统文化有深入了解的专家学者，还应吸纳有志于传播传统文化的学生骨干。通过邀请相关领域的教授、博士生导师，以及具有丰富经验的传统文化研究者开展专题讲座和研讨会，可以进一步加强理论研究，夯实理论基础。此外，团队内部可以定期组织读书会和专题讨论会，通过集体学习和交流，不断提升团队成员的理论水平。

注重骨干成员的培养。这些骨干成员不仅要具备扎实的传统文化知识，还需拥有较强的宣讲和传播能力。为此，可以安排骨干成员参加各类培训课程，如演讲技巧、传媒素养等，以提升他们的综合素质。同时，在校内外举办小型讲座和工作坊，提供更多的实践机会，使他们能够在实际操作中不断完善和提升自我。最终培育一支既有热情，又有良好传统文化修养，更擅宣讲传播的骨干队伍，为社会实践活动提供坚实的人力保障。

2. 充实活动品牌，创新活动形式

进一步扩大活动影响，在现有活动形式的基础上，礼敬中华社会实践队应注重活动品牌的充实与创新，通过多样化、互动性强的活动形式来吸引更多的参与者。首先，可以结合现代科技手段，开发线上线下相结合的活动模式。例如，利用微信公众号、微博等新

媒体平台，发布传统文化知识、举办在线讲座或知识竞赛，扩大活动的覆盖面和影响力；在线下可以组织参观博物馆、文化遗址，开展传统文化体验活动，如书法、茶艺、古琴等，让参与者在亲身体验中感受传统文化的魅力。其次，应根据不同群体的特点，设计针对性强的活动内容。例如，对于小学生，可以开展生动有趣的传统文化课堂，通过故事、游戏等方式激发他们的兴趣；对于大学生，则可以组织专题研讨、文化沙龙等深度交流活动，促进思想碰撞和理论升华。此外，还可以与其他高校、文化机构合作，联合举办大型文化节或论坛，形成品牌效应。

3. 扩大宣传，促进文化传播

有效的宣传是促进传统文化传播的重要手段。要扩大礼敬中华社会实践队的影响力，就需要制定全面的宣传策略，利用各种媒体平台和宣传渠道，形成多层次、多角度的传播矩阵。首先，可以借助学校的官方媒体资源，如校园广播、校报、官方网站等，定期发布活动信息和报道，提升活动的知名度。其次，充分利用新媒体平台，如微信公众号、微博、抖音等，通过图文、视频等多种形式进行宣传，吸引更多的人关注和参与。最后，做好线下宣传活动，组织开展开放性的展示活动，如传统文化作品展览、文化表演等，让更多的人能直观地感受传统文化的魅力，提高参与度；选取一些具有代表性的传统文化元素，结合当代青年喜闻乐见的形式进行创作和传播，如制作传统文化主题的短视频、漫画等，增强宣传的趣味性和感染力。通过宣传优秀传统文化，弘扬中华美德，引导广大青年树立正确的价值观，增强文化自信。

二、以案解题——如何进行项目选题？

社会实践不仅是大学生学以致用、服务社会的重要途径，也是大学生综合能力提升的一个重要平台。好的选题不仅能够保证实践活动顺利进行，还能最大限度地发挥大学生的专业优势，更好地服务社会。那么，如何做好选题工作呢？

1. 从兴趣出发

选题的第一步是要从个人的兴趣和热情出发。这是一个最为基础的原则，因为兴趣能够驱动人们的行动，为面对挑战的人们提供动力。对于大学生来说，选择一个自己感兴趣的主题，不仅能提高完成实践的积极性，还能在实践过程中享受探索和学习的乐趣。礼敬中华实践项目的选题之一是"礼敬中华经典文化"，通过研读中国传统文化经典，尤其是诗词、书法等内容，团队成员不仅拓展了传统文化知识，也在学习中提升了自己的文化素养。在实践过程中，团队成员都表现出高度的热情，大家都愿意积极参与其中，因为大家都对中国传统文化有着深厚的兴趣，正是这种兴趣和热情，促使团队成员在活动中不断思考、讨论，最终完成了内容丰富、形式多样的文化分享。

2. 结合专业特长

大学生拥有一定的专业知识和理论基础，能够在实践活动中形成自己的特长。选择一个与专业相关的主题，不仅有助于团队成员提高实践能力，还能促进专业知识的巩固与发展。

在该社会实践项目中，团队成员有着不同的专业背景，如历史学、社会学等。在进行"黎苗文化调研"这一活动时，团队特别注重结合专业知识，比如，历史学专业的学生通过对黎苗历史文化的研究，提供了大量的背景资料；社会学专业的学生则从社区调研的角度出发，收集了黎苗文化保护现状和当地居民态度的调查数据。通过跨学科的合作，团队最终以调查报告的形式，将黎苗文化的现状与问题进行了总结。

结合专业开展社会实践不仅提升了团队成员的专业能力，还让团队成员感受到社会实践并非单纯地"做事"，而是"学以致用"，自己的专业知识能够为社会实践增添不少价值。通过这项社会实践，团队成员在创新创业竞赛中获得了5个省级奖项，4人获得了"大学生社会实践优秀成果奖"，这些成绩都是专业结合实践的良好反馈。

3. 基于资源和可行性

在确定社会实践选题时，团队还要考虑资源的可获取性和项目的可行性。如果资源不足或实施起来困难重重，那最终也无法顺利完成项目。对于大学生而言，很多实践活动的资源都是有限的，团队要选择那些既能充分利用现有资源，又能在时间、资金、场地等条件下顺利实施的项目。如在"敬老社区服务"活动中，团队原本想设计一个大型的敬老院文化交流活动，但考虑到场地、资金和时间等资源的局限，结合团队成员具有食品健康与营养的专业知识，最终决定开展一些更为具体和实际的小规模服务，如组织开展针对老年人的食品营养讲座、健康咨询等活动。这些活动既能用有限的资源实现预期效果，又能深入老年人的日常生活中，更好地体现了社会价值。

4. 基于创新讨论和意见建议

创新是社会实践中不可忽视的一部分。在选题时，团队要组织成员开展创意讨论，鼓励成员提出新的思路和创意。同时，团队成员也应积极与导师、行业专家进行充分交流，以便更加精准地选择和优化选题。如团队在进行"'家'文化研习交流"活动时，原本计划通过讲座和展览的形式来传递家庭文化的内涵，但在导师的建议下，团队加入了互动环节，如邀请社区家庭分享自己的家风家训，并结合传统文化元素举办了一场"家文化"主题的亲子活动。这一创新增加了活动的互动性和趣味性，不仅让更多人了解和认同家文化，也增强了活动的传播效果。

5. 基于现有研究和实践经验

选择社会实践项目时，参考现有的研究和前期的社会实践经验同样至关重要。通过查阅相关文献、学习已有的案例，团队能更好地了解已有实践的成果与不足，从而在此基础上作出优化或创新。例如，团队在进行"敬老社区服务"活动时，查阅了大量关于老龄化社会和老年人生活的研究文献，了解到许多老年人在日常生活中面临孤独问题。基于这一点，团队将活动的重点放在"陪伴"和"心理疏导"上，而不仅仅是提供物质帮助。通过调研和分析，团队不仅设计了符合实际需求的服务内容，而且避免了可能的重复和低效。

6. 基于问题和社会需求

社会实践的真正意义，不仅是学习与锻炼，更在于服务社会、回应社会需求。因此，在选题时，团队应当从社会关注的问题出发，设计出能够解决实际问题的项目。在"黎苗文化调研"活动中，团队注意到当地的黎苗文化正面临流失的危机，尤其是一些传统手工艺和民间艺术正在逐渐消失。团队通过与当地村民、文化工作者的交流，提出了保护和传承黎苗文化的可行方案，并得到了当地文化部门的关注和支持。这个项目不仅为当地文化的保护和传承贡献了力量，也让团队在实践中找到了社会需求与自己能力结合的契机。

三、拓展练习

假设组队开展暑假社会实践活动，你作为团队负责人，请结合海南自贸港建设实际，选择实践主题。

◇ 解题导引

在围绕海南自贸港建设选择社会实践主题时，可结合自贸港的定位和区域特点等，从以下方面展开思考。

1. 兴趣出发

从团队成员兴趣出发，挖掘自贸港文化、生态特色，如非遗技艺传承、热带雨林保护，实现兴趣与实践价值的融合。

2. 结合专业

立足专业优势，针对自贸港产业需求设计主题，如法学专业可聚焦跨境法律，计算机专业可探索数字技术应用，用专业知识解决实际问题。

3. 资源适配

评估校园、社区、企业等可利用资源，缩小实践范围，如开展校内自贸港知识普及，或联合社区进行政策调研。

4. 创新突破

关注自贸港新兴领域，如绿色金融、元宇宙技术，或创新实践形式，开发政策科普小程序，提升实践创新性。

5. 经验借鉴

参考国内外成熟自贸港案例，对比分析海南自贸港发展路径，提出本土化改进建议。

6. 问题导向

回应自贸港建设中的民生、教育、环境等现实需求，如完善公共服务、引进国际教育资源，设计切实可行的解决方案。

更多建议可参考本书附录电子资源中的参考答案。

第二章 阳光工作营项目案例

阳光工作营项目着眼于帮助和引导更多青年学生了解当前受麻风病影响的群体的状况，提高社会对该群体的关注度，促进社会公平和包容，鼓励更多的人关心、支持和帮助这一特殊群体。团队同时着眼于健康中国建设，组织开展健康知识宣讲、义诊咨询、疾病预防宣传等活动，通过活动提高公众的健康意识和自我保健能力，促进全民健康水平的提升。项目累计开展针对麻风患者的关爱性服务活动上百场，活动得到《海南日报》等主流媒体的关注与报道。

一、案例介绍

(一)项目背景

麻风病一直是全球公共卫生领域面临的一大挑战。虽然科学研究和医疗技术的进步使得麻风病的治疗变得更加有效，但由于历史、社会文化及信息传播等多方面的原因，麻风患者在很多地区仍然受到社会歧视和边缘化。这不仅影响了麻风患者的生活质量和心理健康，也阻碍了该疾病的根除。因此，开展麻风病宣传和关爱活动具有重要的社会意义。一方面，这些活动可以帮助公众正确认识麻风病，消除对麻风患者的不合理恐惧和偏见，促进社会包容与和谐。另一方面，通过关爱麻风患者，可以直接改善他们的生活条件，提高其社会参与度和自尊心。

青年大学生作为社会的未来和希望，有责任参与到麻风病宣传和关爱活动中。大学生可以通过社团活动、志愿服务和社会实践等形式，深入社区和医疗机构，了解麻风患者的实际需求，积极宣传相关知识，促进社会舆论的正面引导。同时，大学生还可以利用自身的知识储备和专业技能，积极参与麻风病防治领域的科研创新工作，为相关政策的制定和实施提供支持和建议。通过这样的社会实践，大学生能够更好地理解和践行社会责任，培养关爱他人、服务社会的品德与能力，为社会注入更多正能量，推动社会进步和发展。

(二)环境分析及关键问题确定

1. 政策环境分析

2024年，国家疾控局等12部门联合制定了《全面消除麻风危害可持续发展规划（2024—2030年）》，这标志着中国政府在麻风病防治上的重大承诺和努力。该规划明确了下一阶段全面消除麻风危害的目标，也体现了政府全面消除麻风病危害的决心和能力。在地方层面，海南省政府通过具体政策支持麻风患者的基本医疗和社会保障权利，设立了专门的医疗和社会福利项目，如经济补贴和医疗费用支持，为麻风患者提供了制度性保障。然而，尽管政府在政策层面已有明显进展，但专项扶持政策和措施仍需进一步完善，以更好地满足麻风患者在医疗、康复和心理支持方面的需求。

2. 经济环境分析

海南省近年来经济快速发展，医疗资源得到显著改善，特别是基层医疗设施建设和装备水平不断提升。公共卫生支出逐年增加，尤其是在偏远地区和贫困人口服务方面的投入，有助于改善麻风患者的基本医疗保障。私营医疗机构在健康服务领域中积极参与，为志愿服务活动提供潜在的合作机会和资源支持。然而，尽管经济基础良好，但由于医疗卫生投入总体仍不足，对麻风患者的经济资助仍需进一步加强。

3. 社会文化环境分析

尽管麻风患者在社会中的地位有所改善，但仍然面临社会偏见和歧视，尤其在就业和社交方面面临更大挑战。麻风病作为罕见疾病，公众对其认知有限，缺乏科学的理解。然而，随着社会发展和健康教育的进步，越来越多的人开始关注和支持这一群体，参与相关的帮扶活动，这为改善麻风患者的社会处境提供了积极的帮助。

4. 技术环境分析

随着基层医疗设施设备的不断完善和技术水平的不断提升，电子健康记录系统的普及率逐步增加，远程医疗服务在偏远地区得到推广，这对麻风患者的长期跟踪和家庭护理提供了显著支持。

综上所述，海南省在政策、经济、社会文化和技术等方面对麻风患者的关注和支持有积极进展，但仍需进一步完善相关政策和措施，特别是在解决社会偏见和提升经济支持方面。未来社会实践活动应着重于加强疾病防治知识普及，消除社会偏见与歧视，强化社会对麻风患者的关爱机制，多方共同推进麻风病防治工作的持续优化。

(三)主要目标及基本思路

基于以上分析，阳光工作营确定了主要目标及基本思路。

(1)加强麻风病宣传：通过开展全方位、多渠道的麻风病宣传活动，普及科学知识，纠正公众对麻风病的误解和恐惧。可以利用媒体、互联网、社交平台等渠道，推广麻风病的防治知识，倡导社会关注和支持麻风患者。

(2)消除社会偏见与歧视：加强对麻风患者的法律保护，制定并完善相关政策，消除社会对麻风患者的偏见，禁止对麻风患者的歧视和侵犯行为。同时，通过开展公益活动、康复服务和心理辅导等，帮助麻风患者重新融入社会，树立积极、健康的自我形象。

（3）建立关爱机制：建立多层次、多部门参与的麻风患者关爱机制，包括医疗、康复、就业等方面的全面支持。提供免费的医疗服务、康复辅助器具和职业培训，促进麻风患者的全面发展。同时，建立志愿服务团队，为麻风患者提供心理支持和日常生活帮助。

（四）实施内容

阳光工作营项目的实施内容主要包括以下几个方面。

1. 深入科普：麻风病知识全民宣讲行动

为了有效普及麻风病知识，团队计划组织多样化的系列宣讲活动。首先，团队将邀请相关专业医务人员和公益组织代表，结合最新的医学研究成果和实际案例，以通俗易懂的方式向大众介绍麻风病的病因、症状、传播途径以及预防措施。其次，团队将举办互动式工作坊、模拟演练等，让参与者更真切地了解麻风患者的生活，从而更多关爱麻风患者。

为了提高宣讲效果，团队将充分利用多种传播渠道，包括线上直播、社交媒体平台、校园海报等，确保信息覆盖面广，并鼓励听众提出问题和观点，促进更深入的交流与思考。同时，团队也将邀请一些曾经患有麻风病的康复者分享自己的治疗经历和生活感悟，以真实案例感染更多人，引发社会对麻风病的关注和支持。

通过这些宣讲活动，团队希望不仅能够提高公众对麻风病的认识水平，减少对麻风患者的歧视和排斥，还可以唤起社会的关爱之情，为构建和谐社会作出积极贡献。

2. 暖心关怀：全面关爱麻风患者专项活动

为了更全面地关爱麻风患者，团队计划在关爱活动中增加更多的内容和互动形式。除了定期前往麻风患者聚集区进行志愿服务外，团队还将设置多个关爱站点，涵盖医疗救助、心理疏导、生活护理等多方面服务，以满足麻风患者多元化的需求。在治疗知识宣讲方面，团队将邀请专业的医护人员和康复专家提供免费的健康咨询和康复指导，帮助患者更好地了解疾病特点和日常护理技巧。同时，团队还将组织医疗义诊和健康体检活动，为麻风患者提供免费的医疗服务，帮助他们及时发现和治疗疾病。在教育方面，团队将开设针对麻风患者子女的教育辅导班和心理支持小组，提供学习指导和心理疏导服务，帮助他们建立自信心和积极的人生态度。同时，团队还将组织各类文化艺术活动和户外拓展训练，为孩子们创造一个轻松愉快的成长环境，促进他们全面发展。

团队希望通过这些关爱活动，不仅能解决麻风患者的实际困难，还能从心理上给予他们温暖与信心，帮助他们重建自尊和自信，融入社会大家庭。

3. 携手同行：麻风患者互助支持平台构建计划

为了更好地支持麻风患者，团队计划建立多元化的互助平台，吸引更多人参与到关爱事业中来。首先，团队将利用互联网和移动应用技术，建立一个线上平台，提供麻风病知识库、健康日志、在线咨询等功能，为患者及其家属提供便捷的信息获取与沟通渠道。其次，团队将结合线上线下的方式，开展义卖活动、募捐筹款等活动，号召更多有爱心的人士参与其中，为麻风病的治疗和研究提供经济支持。最后，团队还将邀请企业机构和公益组织合作，设立专项基金，为麻风患者提供医疗救助和康复援助，确保他们能够获得及时有效的治疗服务。通过这一互助平台的搭建，团队希望能够形成一个多元参与、资源共享的合作网络，汇聚社会各界的力量，共同关爱和支持麻风患者，为构建和谐、包容的社会环境贡献团队的力量。

(五)风险评估与预防

1. 安全风险

外出社会实践可能会面临诸多安全风险。首先，交通安全问题，包括交通事故和交通拥堵等情况。参与者在外出实践过程中需要乘坐交通工具，因此存在一定的交通安全风险。团队将通过规划合理的行程路线、选择安全可靠的交通工具，以及提供交通安全知识和应急处置培训来降低交通安全风险。

其次，食品安全问题，包括食物中毒、过敏反应等可能发生的情况。为了确保食品安全，团队将严格选择食材供应商，确保所选用的食材符合卫生标准，并严格执行食品加工和储存规范。同时，团队还将加强食品安全知识的宣传和培训，提高参与者对食品安全的重视程度，从而减少食品安全风险。

最后，病菌感染风险，在与患者接触的过程中，参与者也面临病菌感染的风险。为了降低这一风险，团队将提供必要的个人防护用具，如口罩、手套等，并要求参与者严格遵守相关防护措施。医疗团队将提供相关的防护指导，确保参与者在与患者接触时能够最大限度地降低感染风险。

2. 法律风险

在社会实践活动中，可能涉及个人隐私问题，如果未经充分授权或同意而泄露患者个人信息，就将面临法律风险。为了防范此类风险，团队将建立严格的个人信息保护制度，确保患者个人信息得到妥善保护。在活动筹备阶段，团队将明确规定参与者对患者个人信息的获取和使用权限，严格限制个人信息的查阅和传播范围，避免个人信息泄露风险。

此外，团队将寻求专业法律顾问的帮助，对活动中可能涉及的法律问题进行充分咨询和评估。在活动开展前，团队将对参与者进行法律风险培训，使其了解并严格遵守相关法律法规，避免因违反法律规定而带来的风险和损失。

通过以上风险评估和防范措施，团队将尽最大努力确保社会实践活动顺利进行，保障参与者和患者的安全，同时遵守法律法规，最大限度地降低各类风险带来的负面影响。

（六）主要成效

1. 关爱传递：情感护理中的温暖守护

社会实践活动将为患者提供更多的关爱和陪伴。参与者将通过与患者的互动，帮助他们缓解痛苦、孤独和焦虑，提升患者的心理健康水平。参与者的关怀和支持将为患者带来极大的安慰，帮助他们在治疗过程中保持积极的心态。同时，参与者的专业护理和温暖关怀也将为患者带来更好的治疗体验，增强他们对医疗机构和医务人员的信任感。团队期望，在社会实践活动的影响下，患者的心理状态和治疗效果均能得到积极的改善，真正感受到来自社会各界的关爱。

2. 责任担当：青年学生的实践旅程

通过社会实践活动，参与者将有机会接触真实的医疗环境和患者，从而提升其医疗护理技能和沟通能力。参加实践活动的学生将学习如何正确佩戴防护装备、采集生物样本、进行基本护理等实用技能，并通过与患者的交流，培养同情心和责任感。在这一过程中，参与者将更加深刻地理解医护工作的意义，增强自身的责任感和奉献精神。团队预期，参与者在社会实践结束后，能够更加熟练地运用医疗护理知识，拥有更丰富的实践经验，提升自身职业素养，在未来的职业生涯中更具责任心和社会使命感。

3. 共创和谐：引领社会关怀风潮

通过社会实践活动，团队将扩大公众对医护工作者的认知和理解，促进社会对医疗护理事业的关注和支持。借助媒体宣传和社交平台推广，社会实践活动的经验和成果将被更多人知晓，引导更多志愿者和机构参与到医护关怀工作中来。团队期待，通过社会实践活动的持续影响，能够引发社会广泛关注，营造更加关爱和支持医护工作的社会氛围。最终，这些努力将为医疗护理事业的发展和患者的福祉贡献更多的力量，推动全社会形成一种互相关爱的良好风尚。

二、以案解题——如何通过环境分析为项目开展提供思路？

环境分析是社会实践活动成功与否的关键因素之一，只有在充分了解和评估所处环境的基础上，才能精准地制定活动方案，确保实践顺利开展，取得预期效果。

1. 环境分析的意义和目标

简单来说，环境分析就是通过对活动所在区域的社会、文化、经济、卫生等方面进行综合考察，了解目标群体的需求与特点，明确潜在问题与挑战，最终为顺利开展活动提供数据支撑和决策依据。在团队开展的麻风患者关爱公益项目中，环境分析是必要环节。麻风病作为一种传染性疾病，长期以来，社会对麻风病存在偏见和误解，如今虽然治疗麻风病有了显著进展，但仍然存在不少社会、心理和文化障碍。因此，环境分析不仅帮助团队精准了解麻风患者的生活状况和健康需求，而且使团队能够预测到一些潜在的困难和挑战，及时采取对策。

2. 环境分析的步骤与方法

系统地开展环境分析一般可以从宏观环境背景分析和微观实施环境分析两个方面入手。

1) 宏观环境背景分析

(1) 政治环境分析。包括政策和法规分析，分析当地和国家层面的相关政策和法规，了解其对活动的影响和限制；政治稳定性分析，评估政治环境的稳定性对活动的潜在影响。

(2) 经济环境分析。包括经济发展水平分析，研究当地经济发展水平和趋势，分析其对活动资金和资源的影响；收入水平和消费习惯分析，考察目标群体的收入水平、消费习惯，这些因素可能影响他们对活动的参与程度和反应。

(3) 社会文化环境分析。包括社会价值观和文化背景分析，如当地或目标群体的主要价值观念、文化背景和社会习俗，这些因素影响活动内容和执行方式的选择；人口结构分析，研究目标群体的人口特征，如年龄、性别、教育水平等，以便更精准地定位活动策略和内容。

(4) 技术环境分析。包括技术发展水平分析，分析当地的技术基础设施和普及程度，考虑技术可能为活动带来的便利或挑战。

（5）生态环境分析。包括自然资源和环境保护情况分析，研究当地的自然资源状况和环境保护意识，确保活动设计符合环保要求并尽量减少对环境的负面影响。通过外部环境分析一般可以梳理出项目面临的外部基本情况，面临的可能机会与潜在的困难。

2）微观实施环境分析

（1）目标群体需求分析。基于项目实施的目标群体主要为麻风患者，因此项目开展前应对麻风患者这一群体进行深入了解。例如，团队在项目实施时，积极争取得到当地卫生部门的支持。团队了解了麻风病的流行情况、患者的数量以及患者的基本情况，也发现麻风患者在一些地方往往受到歧视，他们对社会的认同感较低，生活中缺乏足够的关爱与支持。因此团队明确了项目实施的重点：不仅要进行疾病的科普宣传，还需要通过心理疏导和人文关怀来消除患者的隔阂感。

（2）当地文化习俗情况分析。对于麻风患者来说，社会文化因素的影响非常深远。在一些偏远地区，麻风病往往被误解为传染性强的疾病，这加剧了患者的孤立感。因此，团队对当地的文化背景进行了调研，了解了居民对麻风病的认知和态度。在这个过程中，团队通过与社区领导和卫生工作人员的访谈，获取了很多宝贵的信息。例如，在一些地区，麻风患者的家庭常常感到羞耻和尴尬，这使得团队在开展宣传时不仅要注重医学科普，还要设计一些更具包容性和易接受的宣传材料，避免让患者感到自卑。

（3）资源和支持分析。在进行环境分析时，了解可用的资源也是非常重要的一环。团队调查了当地的医疗资源、志愿者力量、政府支持等情况。在活动中，团队依靠当地医院的专家进行麻风病知识的宣讲，并邀请了具有医学背景的志愿者进行现场答疑。此外，当地社区组织也积极支持团队，提供了活动场所和设备支持，这使得团队的活动能够顺利进行。

（4）潜在风险与挑战分析。在环境分析的过程中，团队还预见了一些可能的风险和挑战。例如，麻风患者可能因担心自己的病情被公开而拒绝参与活动，甚至有些家庭可能因为害怕影响家庭声誉而隐藏患者。团队提前制定了相应的预案，通过保密承诺和个性化关怀来打消他们的顾虑。同时，团队还通过与地方领导、社区工作者的合作，保障了活动的顺利开展。

三、拓展练习

某实践队拟开展自贸港背景下环保问题的（禁塑项目）项目，请以此为主题，结合自贸港建设和环保问题进行环境分析。

◇ 解题导引

针对自贸港背景下禁塑环保项目的环境分析，可从宏观环境与微观实施两大维度切入，结合自贸港政策导向与环保实际需求，按以下逻辑展开分析。

1. 宏观环境分析框架

（1）政策维度。紧扣海南"禁塑令"政策，关注执行差异与监管难点，思考政策宣传与执法协同路径。

（2）经济维度。聚焦可降解材料成本高、供应链薄弱问题，探索本地化生产与市场推广策略。

（3）社会文化维度。区分居民与游客群体差异，设计分层宣传方案，结合社区力量推动习惯改变。

（4）技术维度。突破本地研发瓶颈，整合外部技术资源，挖掘数字化手段赋能禁塑的创新可能。

2. 微观实施要点

（1）目标群体需求。针对餐饮店、居民、游客等不同对象，调研痛点并匹配差异化解决方案。

（2）当地文化习俗。结合海南乡村习俗与旅游特色，设计契合本土语境的环保宣传形式。

（3）资源协同策略。联动政府部门、高校科研机构、企业平台，构建多方支持网络。

（4）风险应对。预判成本、供应、公众参与等潜在风险，制定宣传引导与技术优化双轨对策。

更多参考建议，可扫描本书封底二维码，访问配套电子资源平台。

第三章　移动的美育课堂项目案例

移动的美育课堂项目以"美"为媒，通过开展用美的眼睛看世界、传统礼仪讲座、身体美练操活动等多种形式的美育实践活动，提升广大青年学生的综合素质。同时通过健康文化进社区等活动，传播健康文化，提升社区居民健康水平，引领建设和谐社区。该项目获评海南省重点项目，团队创作作品获评海南省优秀精神产品奖。

一、案例介绍

(一)项目背景

随着社会发展和教育理念的深入演进，美育作为高等教育中不可或缺的组成部分，正逐渐展现出多层次、多维度的重要意义。美育不仅仅是审美感知的培养，更是思想、情感、人文素养的综合体现。通过艺术、音乐、戏剧等形式的探索与实践，学生在提高审美能力和艺术修养的同时，增强文化自信，提升文化素养，进而塑造积极向上的人生态度与审美情趣。

美育不仅限于传授艺术技能，更是一种精神与文化的传递与交流。在现代社会全球化和多元文化的背景下，学生需要具备跨文化的理解能力和应对复杂社会环境的能力，而美育能有效促进学生的情感体验与表达能力的发展。艺术作为情感和思想的表达媒介，能够深刻触动个体内心深处，使其更好地理解自己和他人。通过参与创作、表演、展览等活动，学生能够增强情绪管理与社会适应能力，从而提升心理健康水平，形成积极的心态与行为模式。

因此，在高校和社区开展移动的美育课堂活动，不仅能够丰富教育内容，满足学生全面发展的需求，还能有效培养其综合竞争力和社会责任感。移动的美育课堂通过与社区居民共享艺术盛宴，推动社区文化建设，提升社区居民的幸福感和健康水平，实现社会和谐发展等多重目标。

(二)环境分析及关键问题确定

在当前的高校教育环境中，美育实践活动逐渐受到重视并得到了一定程度的推广和实施。高校通过多种方式和策略开展美育活动，包括跨学科课程设置、成立学生艺术社团和俱乐部、开展校园艺术节和文艺活动、开展社会实践与服务学习以及创新技术与媒体应用等。例如，跨学科课程设置，将美育融入跨学科课程中，培养学生的审美能力和创造力；成立学生艺术社团和俱乐部，提供了丰富的参与和表达平台，培养学生的团队合作能力和艺术表达技巧；广泛开展校园艺术节和文艺活动，丰富了校园文化生活，激发学生的艺术兴趣和创造潜力；开展社会实践与服务学习，将美育融入社区服务学习，促进社区文化交流并提升教育水平。高校的美育活动取得了积极成效，然而，也存在一些不足。

(1)美育教育体系不均衡。目前美育活动往往局限于特定学院或课程，缺乏跨学科的整合。这种分割导致了美育资源的局部化和学生群体的局限性。

(2)美育教育认知偏差。部分学生和教师对美育的认知仍停留在传统的艺术表现形式，缺乏对现代多元文化背景下的审美理解和实践探索。学生参与美育活动的主动性和持续性不足，大部分活动依赖于学校课程或专业要求，因而缺乏广泛的社会参与以及深远的影响。

(3)社区资源不均衡。社区美育活动的资源分布不均，一些地区缺乏专业师资和艺术设施，制约了活动的开展和参与度。同时，部分活动仍面临参与门槛高、宣传不足等问题，社区居民参与美育活动的积极性和持续性有待提高。

(三)主要目标

1. 增强审美能力与水平

本项目旨在通过系统的美育活动，全面提升参与者的审美能力和水平。通过"用美的眼睛看世界"系列讲座，学生将了解到不同艺术形式的美学原理，并通过专家的讲解和实例分析，培养对美的敏锐感知力。中国传统文化礼仪体验活动将带领学生深入了解中华优秀传统文化的精髓，通过实际操作和互动学习，使学生在体验中领悟传统礼仪的优雅之美，从而增进对中华优秀传统文化的认同感和自豪感。同时，在这个过程中，学生们将学会用多维度的视角去观察和理解世界，从而提升整体的美学素养。这种审美提升不仅仅体现在对艺术作品的欣赏上，更体现在对生活中美好事物的感知和理解上，使学生能够更加热爱生活，不断提升生活质量和精神境界。

2. 推动大学生社会服务实践

本项目旨在通过开展美育课堂，促进大学生积极投身社会服务。如开展八段锦社区健康服务等活动，不仅能让学生们了解传统健身术的魅力，还能在教授居民的过程中锻炼自己的沟通能力和教学能力。这种双向互动的方式使学生在帮助他人的过程中获得成就感，同时提升自身的专业技能和综合素质。在为社区居民提供美育服务的同时，学生们也在不断成长，丰富自己的社会实践经验，为未来的职业发展打下坚实基础。

3. 助力和谐社区与美丽中国建设

大学生作为社会的新鲜血液，在推动社会和谐与美丽中国建设中肩负着重要责任。通过本项目的实施，学生们将在实践中深刻理解并践行社会主义核心价值观，用实际行动诠释当代大学生的责任担当和时代使命。通过开展各种美育活动，学生们不仅为社区居民提供了丰富的文化活动，还在潜移默化中传播了健康向上的生活理念和审美观念。如通过开展音乐剧进社区等活动，学生们以实际行动支持社区文化建设，改善社区环境，提升居民的生活质量和幸福感。这些活动不仅直接惠及社区居民，也为美丽中国的宏伟蓝图注入了青春活力。大学生们通过这种方式，积极参与社会治理和公共服务，成为推动社会进步的重要力量。

（四）实施内容及步骤

1.“用美的眼睛看世界”系列讲座

“用美的眼睛看世界”系列讲座旨在通过美的视角，引导参与者重新审视周围的美好事物和生活的美感。每次讲座将选择不同的美学主题，如自然景观、艺术品赏析、日常生活中的美学体验等，通过专业讲师的引导和交互讨论，提升参与者对美的鉴赏能力和感知能力。讲座将采用规范严谨的学术语言展开，并辅以精心制作的PPT课件及多媒体演示素材作为辅助工具。每次讲座将包括以下环节：一是理论讲解，介绍美的概念、美学理论基础和相关研究成果，探讨美在人类文化中的重要性和意义；二是实例展示，通过图像、音频和视频等多媒体形式，展示具体案例，引导参与者用美的眼睛观察；三是交互讨论，引导参与者分享自己对美的理解和感受，促进思想交流和深度探讨。每次讲座结束后，结合参与者的反馈和建议，团队再改进讲座内容和形式，以提高教学效果。

2. 中华传统礼仪体验课

中华传统礼仪体验课旨在通过理论讲解和实际操作，进行中华传统礼仪文化的传授和宣传。课程将涵盖礼仪的历史演变、重要意义及实际应用技巧等方面内容，通过互动式的讲座和实际场景模拟，使参与者能够全面理解和掌握传统礼仪的核心要素和实际运用技巧。

课程将分为以下几个环节：一是礼仪讲座，介绍中华传统礼仪的起源、发展和重要价值，讲解礼仪的基本原则和行为规范，培养参与者的礼仪意识和文化自信；二是实践体验，通过实际操作，让参与者亲身体验传统礼仪的基本动作和仪式，如行走姿势、鞠躬礼等，专业礼仪师将给予指导和纠正，提高参与者的礼仪水平；三是场景模拟，组织实际场景模拟，如宴会接待、商务谈判等，让参与者在真实情境中运用所学礼仪知识，增强实践能力和自信心。

3. 八段锦健康社区服务

八段锦健康社区服务活动将结合传统八段锦文化的传播与实际健身需求，通过定期的健康养生讲座和八段锦体验班，向社区居民普及传统养生理念与方法。活动计划包括以下内容：一是健康养生讲座，由专业医生或健康管理专家进行讲解，介绍八段锦的起源、原理和功效，讲解养生的重要性和实际应用方法，引导参与者关注健康生活方式；二是八段锦体验班，组织定期的八段锦体验班，邀请专业教练进行现场示范和指导，让参与者学习并掌握八段锦的基本动作和呼吸法，通过练习提高身体健康水平；三是社区巡回服务，组织志愿者团队，定期走访社区，向居民提供八段锦健身指导和个性化建议，帮助居民解决健康问题，提高社区居民的健康管理能力。

4. "我们这一代"音乐剧展演

"我们这一代"音乐剧展演将作为移动的美育课堂项目的重要创新性活动，通过音乐剧的形式展现与传播大学生的精神风貌与社会关怀。音乐剧创作将聚焦当代大学生面临的社会议题和情感表达，通过原创音乐、舞蹈和戏剧表演，展现学生的创作才华和文化自信。活动计划包括以下环节：一是剧本创作，组建编剧团队，根据大学生的生活经历和社会现实，创作具有代表性和感染力的音乐剧剧本，突出青年群体的精神风貌和社会责任感；二是角色选拔和排练，开展角色选拔活动，选拔具有表演才华的学生参与音乐剧演出，安排专业导演和编舞老师进行排练和指导，提升演员的表演水平和舞台表现力；三是音乐剧展演，在校内或社区开展音乐剧展演活动，邀请校内外观众前来观赏。同时，录制音乐剧视频，利用现代网络传播手段进行宣传，扩大活动的影响力和传播范围。

5. 创意集市

创意集市活动将以美食、美丽生活为主题，鼓励大学生和社区居民参与创意交流与分享。活动将设立创意展示区域，参与者可自由组织并展示自己的美食、美丽生活创意，如独特的食材搭配、创新的烹饪技法、生活小技巧等。活动计划包括以下内容：一是创意展示，展示区设有摊位和展示桌，供参与者展示自己的美食创意，并与他人交流分享，参与者可展示食品样品、照片、制作过程图解等；二是创意交流与分享，组织创意分享讲座，邀请专业厨师或美食爱好者分享他们的创意和经验，启发参与者的想象力和创造力，促进交流与合作；三是创意评选与奖励。设立评选机制，由专业评委和参与者进行评选和投票，选出最具创意和口碑的美食创意，并给予相应的奖励。

以上各项活动将在项目的统一策划与指导下，通过结合学术教育与社区实践，致力于提升参与者的审美意识、文化自信和社会责任感，以形成良好的社会影响和教育效果。

(五)条件保障

1. 组建专业团队

要想顺利开展"用美的眼睛看世界"等社会实践活动，首要任务是组建一个多学科、富有创意的专业团队。团队成员包括美学、艺术、教育、心理等专业的学生。成员具备较好的美学理论知识、教育心理学背景、多媒体制作能力、传统文化实践经验和社区实践服务技能，确保活动目标的全面实现。

2. 合理分工，发挥团队专业优势

为了充分发挥团队成员的专业优势，将根据每个人的优势进行分工。项目负责人将统筹规划和协调工作，确保各项活动与整体目标一致，并有效利用资源。美学专业、艺术专业、心理学专业的成

员将专注于内容传递、课程设计等。音乐剧创作团队则负责剧本编写、舞蹈编排和音乐制作，以提升艺术表现力和社会影响力。此外，具有丰富经验的志愿者团队将确保志愿者招募、培训和支持工作顺利进行，促进社区参与活动的深入开展和持续发展。

3. 加强团队协调及管理

要确保活动顺利实施、高效运作，有效的团队协调与管理至关重要。定期团队会议和清晰的沟通渠道将促进信息共享和进度监控。详细的工作分工和时间安排将指导任务执行与期限控制，确保项目各阶段顺利推进。精确的资源和预算管理将优化支出，提高运作效率。此外，定期举办团队建设活动和技能培训将增强团队协作、专业素养和团队凝聚力。以上这些措施可为参与者带来深刻的学习体验和成就感，从而提升团队合力，并促进团队的可持续发展。

(六)特色及成效

1. 多元美学探索与教育

本项目通过"用美的眼睛看世界"系列讲座，以及创意集市等活动，深度探索和传播多元化的美学理念和文化价值，不仅仅局限于传统美学范畴，还包括现代创意和社区参与，鼓励参与者从不同角度审视和创造美的体验。这种多元美学教育不仅提升了参与者的审美意识，还激发了他们的创造力和社会责任感，进而为社区文化建设注入新的活力。

2. 传统与现代结合的文化传承

本项目通过中华传统礼仪体验课和八段锦健康社区服务活动，将传统文化元素融入现代社会实践中，不仅传授传统礼仪和养生方法，还通过实践体验和社区巡回服务，使参与者能够在实际生活中感受传统文化的精髓。这种结合传统与现代的文化传承方式，既增强了参与者的文化自信，又提升了身体健康水平，同时推动了社区文化的可持续发展。

3. 创新社会关怀与青年精神表达

"我们这一代"音乐剧展演作为项目的创新性活动，聚焦当代大学生的社会关怀和精神表达，通过音乐剧的形式，深入探讨和展示青年面临的社会议题和情感表达。这种将艺术创作和社会教育相结合的方式，不仅展现了青年的文化自信和创意才华，还通过视频传播和观众互动参与，提升了活动的社会影响力与教育效果。

二、以案解题——项目团队如何组建及管理？

团队建设不仅是团队内部成员关系的建立，更是整个项目顺利开展的基石。只有团队成员保持紧密合作与有效沟通，才能确保实践活动顺利进行。

1. 基于兴趣和价值组建团队

制定招募团队成员的标准，包括专业背景、兴趣、能力和可用时间等，以确保团队成员对活动目标有兴趣和热情。选择具有不同专业背景、技能和经验的成员，以便在各类任务和场景中高效协作与创新。

2. 明确分工与责任

团队建设的基础是明确分工与责任，在启动活动前，团队应根据每个成员的专业背景和特长，合理分配任务。例如，负责"用美的眼睛看世界"系列讲座的成员，都是文学与艺术相关专业的学生，他们不仅在讲座内容设计上充满创意，而且在讲解过程中能利用自己对美学的深刻理解，激发社区居民的兴趣，提升其参与感；负责"八段锦健康社区服务活动"的成员，都是有健身、体育背景的，他们通过实际示范和指导，让社区居民在轻松愉快的氛围中掌握这项传统健身功法。这样的分工让每个成员在自己的专长领域充分发挥，从而确保了活动内容的专业性与实效性。同时，团队制订了详细的工作计划，编制了时间表，确保每个环节都能按时完成。在实际的操作中，团队还定期召开团队会议，评估进展情况，及时调整工作安排，确保任务顺利推进。

3. 建立良好的沟通和协作机制

在团队建设中，良好的沟通和协作机制至关重要，团队在每个环节推进中都注重信息透明和交流顺畅。团队通过定期的会议和日常的即时沟通工具，确保每个成员都能及时了解活动的进展，随时反馈问题，团队迅速作出调整。制定清晰的工作流程，确定任务完成的步骤和时间表，包括每个阶段的重要事项和关键时间节点，以确保活动按计划进行。

4. 鼓励创新与合作，提高凝聚力

一个高效的团队离不开每个成员的积极性和创新性。项目团队特别注重激发每位成员的主动性与创造力。例如，在活动方案设计阶段，团队鼓励团队成员提出创意和新的想法，并通过集体讨论不断完善每个活动细节。再如，在准备"用美的眼睛看世界"讲座时，有位成员提出，可以结合现代视觉艺术和互动体验的方式，使讲座更加生动和有趣。于是，团队在讲座中加入互动环节（如现场画画比赛、观众投票等），既增加了讲座的趣味性，也提升了听众的参与感。通过这种方式，讲座不仅让社区居民了解了美学的基本概念，还引发了大家对美的思考和讨论。这种鼓励创新的氛围，使得每个团队成员都充满了动力和激情，从而大大提升了活动的整体质量和效果。

5. 建立表彰机制，增强团队荣誉感

每位团队成员都需要彼此信任，互相支持。在社会实践活动过程中，团队面临很多挑战与压力，如活动场地的临时变动、居民参与度与预期不符等，然而团队成员互相帮助、支持，在困境中找到了解决问题的办法。例如，在开展八段锦健康进社区服务活动时，原定的活动场地临时被取消，这给活动安排带来了很大的困扰。面对突如其来的困难，团队成员并没有慌乱，迅速沟通，通力合作，有效地解决了问题，确保活动如期举行。活动结束后，团队迅速进

行总结，肯定相关队员的努力和成效，不仅传播了经验，也提升了队员们的成就感。制定表彰机制以激励表现优秀的队员，通过公开表彰、奖励计划或颁发成就证书等方式鼓励队员积极参与、努力进取，营造争先创优的荣誉感和良好氛围。

三、拓展练习

请结合实际，组建项目团队，并策划开展项目实践，或者围绕学习专题组建学习兴趣团队(小组)。

◇ 解题导引

无论是组建实践项目团队还是学习兴趣小组，均可从团队组建、管理两个维度进行策划，结合实际需求按以下步骤展开。

1. 科学组建团队

(1)团队结构考量。依据项目需求构建跨学科团队，包括专业技术、社会调查、宣传设计等不同工作需要，设置人员选拔的专业要求。

(2)成员筛选标准。可设置"专业能力 + 兴趣认同"双重筛选机制，通过面试沟通、价值观问卷考察成员匹配度。

2. 高效管理团队

(1)沟通协作体系。如搭建"定期例会 + 即时通讯 + 文档共享"三维沟通网络，确保信息同步与任务协同。

(2)激励驱动机制。可通过设计荣誉表彰、成果展示等多元激励方式，激发成员主动性和创造力。

更多参考建议，可扫描本书封底二维码，访问配套电子资源平台。

第四章 智图数字安全服务队项目案例

智图数字安全服务队项目由学生团队智图工作室发起，针对信息社会信息安全的突出问题，通过组织开展形式多样、贴近生活的知识宣讲、小实验、互动体验等服务实践活动，提升人们的信息安全意识及防护水平。团队同时开展数字化能力调查及数字化素养提升科普行动，助力全面数字化素养提升。团队曾获评优秀志愿服务队。

一、案例介绍

(一)项目背景

在当今数字化时代，信息安全教育变得尤为重要。随着互联网的快速发展和普及，人们日常生活中大量的个人信息和敏感数据被广泛传播和利用，信息安全问题也愈加突出。对大学和社区进行信息安全教育，可以有效提升信息安全教育的质量和普及程度，增强人们在数字时代的信息安全意识和防范能力，因而具有重要的社会意义。

基于此，本项目旨在通过开展一系列针对大学生和社区居民的信息安全教育活动，提高他们的信息安全意识和实际防范能力，同时，通过引入互动体验和生动有趣的演示形式，结合专业志愿者的服务，将信息安全知识传递给目标群体，以期在学术和社会实践上取得积极的影响。团队希望通过实施该项目，有效推动信息安全教育在大学和社区的普及工作，提高人们在数字时代的信息安全防范意识，为构建数字化社会提供有力的支持和保障。同时，本项目也将积极开展数字化科普活动，提升全民的数字化素养。

(二)环境分析及关键问题确定

1. 高校环境分析

在高校中，信息安全教育常常以零散的形式存在，缺乏系统性的课程设置和连贯性的教学安排。这种现状导致了学生对信息安全的理解和掌握程度不够深入。一方面，尽管信息技术课程中可能涉及信息安全的内容，但由于课程设计不系统，学生无法了解全面、系统的信息安全知识体系。另一方面，许多高校缺乏专门的信息安全课程，或者即使开设了相关课程，其覆盖面和深度也不足，不能满足当今数字时代对信息安全日益增长的需求。

此外，部分学生对信息安全问题的认识程度较低，对信息安全意识的重视不足，在网络活动中存在诸多风险。例如，学生们在使用互联网时，容易忽视个人信息的保护，不懂得如何设置强密码，甚至在面对网络钓鱼、恶意软件等威胁时缺乏基本的防范意识。因此，这不仅增加了个人信息泄露的风险，也使得整个校园网络环境面临更大的安全隐患。

2. 社区环境分析

由于缺乏专业的指导，社区居民普遍缺乏对信息安全的正确认识和了解，容易成为网络诈骗等违法犯罪行为的受害者。尤其是在信息技术迅猛发展的背景下，网络诈骗手段不断翻新，居民如果没有足够的信息安全知识和防范意识，其权益极易受到侵害。

部分群体(如老年人、农村居民等)对信息安全问题的意识薄弱，容易成为网络诈骗等威胁的受害者。老年人由于对新技术的接受能力较弱，往往难以辨别网络中的陷阱和骗局，成为网络诈骗的主要目标。而农村居民由于信息获取渠道有限，对信息安全的了解不足，面对复杂多变的网络环境，缺乏有效的防范措施。因此，如何提高这些群体的信息安全意识，成为社区信息安全教育的重要任务。

综上所述，加强社区信息安全教育，通过多种形式的宣传活动，提高居民的信息安全意识和知识水平，是当前亟待解决的问题。

3. 关键问题确定

一是信息安全教育系统性不足。在高校，信息安全教育缺乏系统、连贯的课程设置，因而学生对信息安全的理解和掌握不够系统、深入。需要设计系统化的信息安全课程，并在教学中贯穿信息安全教育，确保学生能够全面掌握相关知识。

二是信息安全意识仍然不高。部分学生对信息安全问题的认识程度较低，缺乏对信息安全的重视，以致在网络活动中存在诸多风险。需要通过多样化的教育活动，增强学生的信息安全意识，使其能够主动学习并应用信息安全知识。社区居民，尤其是老年人和农村居民，普遍缺乏对信息安全的正确认识和了解，容易成为网络诈骗的受害者。

三是专业指导资源匮乏。社区中缺乏专业的信息安全指导，居民无法及时获取有效的安全知识和防范措施。需要引入专业团队和资源，提供系统的培训和指导，帮助居民提升信息安全防护能力。

四是教育参与度低。无论在高校还是社区，信息安全教育的参与度普遍不高，许多人对相关教育活动兴趣不大，因而教育效果有限。需要探索新的教育模式和方法，激发参与者的兴趣和积极性，提升教育活动的吸引力和实效性。

(三)主要目标及基本思路

本社会实践项目旨在通过社区电脑义诊、反诈骗社区演示宣讲服务、网络安全周活动及数字化科普行动四大板块，全面提升社区居民的信息安全意识和数字化能力。项目的意义在于解决居民在信息技术使用中遇到的实际问题，增强他们对数字化社会的适应能力，同时为大学生提供宝贵的实践机会，促进校地合作。

本项目的预期效果包括：增强居民的网络安全意识和诈骗防范意识，降低相关事件发生率，同时推动社会各界共同关注和参与数字化教育与安全防护；促进大学生理论联系实际，提升综合素质、增强社会责任感；构建更为安全、可靠的社区数字环境，推动海南智慧岛建设的持续发展。

本项目的特色在于专业性与互动性结合：通过招募具有信息技术特长的大学生志愿者，确保服务质量；利用生动有趣的演示、小实验及互动体验活动，提升居民的参与积极性，提高教育效果。此外，项目强调与社区、学校、企业等多方合作，借助多种宣传渠道，扩大活动的影响力和覆盖面。

(四)实施内容及步骤

1. 社区电脑义诊

社区电脑义诊是大学生利用专业知识为社区居民提供电脑检修、软件更新检测等服务活动。此举旨在解决社区居民在使用电脑过程中遇到的各种问题，增强他们对信息技术的理解与掌握能力。为了有效实施社区电脑义诊活动，团队将采取以下策略：第一，招募大学生志愿者，通过校园宣传和社区合作，吸引热衷于信息技术的大学生加入志愿者队伍；第二，在活动前组织培训工作，确保志愿者具备扎实的专业背景和操作能力；第三，在社区内设立电脑义诊站点，提供便利的服务环境，并配备必要的维修工具和设备；第四，通过社区广播、宣传栏、微信公众号等方式，广泛宣传社区电脑义诊活动，提高居民知晓度和参与度；第五，建立反馈机制，让居民提出意见和建议，以便不断改进服务质量。通过该活动，团队将帮助社区居民解决电脑使用中的问题，提升他们的数字化能力，同时也为大学生提供实践机会，促进社区与大学之间的互动与合作。

2. 反诈骗社区演示宣讲服务

反诈骗社区演示宣讲服务，旨在针对信息安全及诈骗问题开展宣传教育活动，利用演示和小实验的方式提高居民的参与积极性，模拟现实情境，提高教育效果。团队将准备图文并茂的宣传材料，包括海报、手册等，介绍各类常见诈骗手法和防范措施，使材料简明易懂，能引起居民的兴趣和关注；设计生动有趣的演示和小实验，模拟不同类型的诈骗情境，让居民通过实际操作和观察，可以直观地了解诈骗手法和危害，并学会识别和防范；组织志愿者团队，定期前往社区开展宣讲活动，通过演示和讲解，向居民普及诈骗防范知识；与警方、银行等相关单位合作，共同开展反诈骗宣传活动，借助其专业知识和资源，以提供更加全面和权威的宣传内容；收集居民的反馈意见和建议，了解宣讲活动的效果和改进方向，并进行定期评估和总结，不断改进宣传形式和方法，提高教育效果。通过这些措施，团队希望提高居民的警惕性和防范能力，减少诈骗案件发生，构建更加安全的社区环境。

3. 网络安全周活动

网络安全周活动，旨在利用关键时间节点（如信息安全日等）开展网络安全周系列志愿服务活动，一方面增强大家的网络安全意识，另一方面扩大影响，形成活动品牌。团队将制订详细的活动计划，明确活动目标和内容，组织志愿者团队，负责活动的宣传、组织和执行工作；邀请网络安全专家和从业人员进行主题演讲和讲座，强调网络安全的重要性，讲解实用的安全技巧和防范策略，同时组织相关培训课程，提供更深入的学习机会；组织网络安全互动体验活动，如网络安全挑战赛、模拟攻防演练等，让参与者亲身体验网络攻击和防御的过程，增强他们的安全意识和技能；利用社交媒体、校园广播、宣传栏等渠道进行活动宣传，吸引更多的人参与其中，传播网络安全知识；与学校、社区、企业等建立良好的合作关系，共同推动网络安全教育的普及。通过这些措施，团队希望提高大家的网络安全意识，培养正确的网络行为习惯，共同构建一个安全、可靠的网络环境。

4. 数字化科普行动

数字化科普行动旨在结合海南自贸港建设与智慧岛建设，通过开展居民信息化素质调查、数字化技术科普讲座等活动，提升公众数字化能力，助力海南智慧岛建设。团队首先开展问卷调查，了解社区居民的信息化水平和需求；根据调查结果，策划针对不同年龄段和群体的数字化技术科普讲座，包括数字隐私保护、网络安全、移动支付等主题；通过制作宣传海报、小视频等，将科普讲座的信息传播到社区居民中，并利用社区、学校、社交媒体等渠道扩大宣传范围；在讲座中加入互动环节和小实验，让居民亲身参与、体验数字化技术的应用；最后，与社区合作建立数字化科普活动的长效机制，定期举办讲座和培训，不断提升居民的数字化能力，推动智慧岛建设持续发展。通过这些措施，团队希望提高社区居民的数字化素养，为海南智慧岛建设贡献力量。

(五)团队资源及风险评估

1. 团队资源

(1)专业团队背景。本项目团队主要由信息安全和计算机科学与技术专业的学生组成。这种专业背景使团队在开展信息安全相关活动时展现出较高的专业水准。团队成员不仅掌握了扎实的理论知识，还具备实践操作能力，能够将复杂的信息安全理论转化为通俗易懂的知识传递给公众。这种双重优势确保了项目活动的高质量实施，使参与者能够获得全面且实用的信息安全知识，从而有效提升其数字素养。

(2)丰富的实践经验与资源优势。团队成员多次参与信息安全实践活动，积累了丰富的实践经验。这种经验使得团队在面对各种突发情况时能够从容应对，确保活动顺利进行。此外，团队依托海南大学信息安全学科和专家资源，通过与该领域的专家教授合作，获得最新的研究成果和技术支持。这种资源优势不仅提升了活动的学术水平，还增强了活动内容的前瞻性和权威性。

2. 项目风险

(1)技术风险。网络时代技术更新迅速，本项目也面临技术风险，即无法解决所有信息安全问题，甚至可能遭遇网络攻击。尽管团队成员具备较高的专业素养，但面对日新月异的技术变化和高级别的网络威胁，仍将面临无法预见或处理的新型安全问题。因此，在项目实施过程中，需要不断学习和更新技术知识，寻求专业老师的技术支持，以应对潜在的技术风险。

(2)安全风险。在实践活动过程中，团队成员可能面临交通、食品卫生等安全风险。为了确保每位成员的安全，需要制订详细的安全管理计划，包括交通出行的合理安排、食品安全的严格控制，以及紧急情况下的应对措施。此外，团队还需购买意外保险，确保在发生意外情况时能够及时获得救助和补偿，从而最大限度地降低安全风险对项目实施的影响。

(3)法律风险。在信息安全实践中，当团队涉及个人隐私和数据保护等法律问题时，可能面临法律风险。为避免此类风险，团队必须严格遵守相关法律法规，特别是个人信息保护相关法律法规；寻求法律专业学生或教师的支持，通过参与团队或担任顾问的形式提供专业指导。在进行数据收集和处理时，需获得参与者的明确同意，必要时应提供书面授权，并采取必要的技术措施保证数据安全。

(六)特色及成效

1. 数字化赋能社区建设

本项目旨在通过大学生志愿者和社区居民的密切互动，运用数字化手段服务社区建设。志愿者们不再局限于传统宣讲形式，借助电脑义诊、网络反诈骗宣讲等活动，将数字化技术直接应用于解决社区居民的实际问题。这种数字化赋能不仅提升了社区居民的科技素养与安全意识，还增强了社区凝聚力和信任感。本项目既满足了社区居民的实际需求，也为大学生志愿者提供了更具前沿性和实践性的社会服务平台。

2. 体验式学习与虚拟实践

项目活动采用体验式学习与虚拟实践的教学方式，通过数字科技打破了传统课堂教学的束缚。参与者不再是被动接受知识，而是通过互动式的数字化科普讲座、情境模拟实验等方式，以更具沉浸感的方式进行学习。这种教学方法不仅提高了参与者的学习兴趣和效果，也在一定程度上颠覆了传统教育模式，引领了数字科技普及新风尚。活动还广泛运用游戏化形式，如竞赛、积分制等，激励居民积极参与，进一步提升了学习的趣味性和持续性。

3. 多元合作与资源共享

项目活动注重多元合作与资源共享，形成了跨界合作的新生态。通过与警方、银行、学校、企业等多方合作，团队得到了更多专业知识和资源支持，也扩大了宣传范围和影响力。这种跨界合作不仅提升了活动的质量和效果，还为综合治理提供了一个可持续发展的新模式。

二、以案解题——如何处理风险防范这个关键问题？

面对复杂多变的社会环境和潜在的各种风险，团队在活动开始前应做充分的风险评估，并采取有效的防范措施。常见的风险防范方法有以下五种。

1. 避免风险

避免风险是指通过改变计划或采取其他措施，主动避免某些风险的发生。在本项目中，风险的避免主要体现在前期的充分准备和活动设计上。例如，在"网络安全进社区"的宣传活动中，团队预见到社区居民中有部分人群（特别是老年人），缺乏网络安全意识，容易成为网络诈骗的目标。为了避免这种风险，团队提前做了详细的调研和分析，制定了针对性的宣传策略。团队没有直接进行复杂的技术讲解，而是通过通俗易懂的语言，结合实际案例，向居民展示常见的诈骗手段，例如，冒充公检法诈骗、中奖诈骗等。团队还特地选择了当地社区中心、老年活动室等适宜的场所，确保信息传达的有效性和覆盖面。通过一系列精心的准备，团队尽量避免了因宣传不当引起居民不理解或不参与的风险。

2. 减少风险

有些风险虽然无法完全避免，但团队可以通过采取一定的措施，降低风险发生的概率，减轻影响程度。在本项目中，减少风险的具体措施体现在细节管理上，尤其是在信息安全和居民参与的稳定性上。例如，考虑到在活动过程中居民可能对信息安全产生疑虑，团队特意增加了信息保密承诺和现场信息保护措施，确保居民个人信息在活动中不被泄露。所有与居民互动的工作人员都接受了严格培训，培训中明确要求他们在收集和使用信息时必须严格保密，避免因操作不当而引起信息泄露的风险。

3. 分散风险

分散风险是指通过将风险分散到不同的领域、业务单元或资产上，从而降低单一风险的集中程度。在本项目中，分散风险主要体现在活动的组织和执行层面。为了确保活动顺利进行，团队没有把所有的宣传任务集中在一个小组或一个环节上，而是把任务分散到不同的小组或多个环节。例如，团队将"线上宣传"和"线下讲座"分开，由不同的团队负责；在"线上宣传"中，团队又采取了多种平台并行的策略，如通过微信群、社区论坛、微博等渠道传播反诈知识，确保信息传播的广度。

4. 转移风险

转移风险是指通过保险、外包等方式将风险转移给其他人或机构。在本项目中，绝大部分风险都可以通过自我管理和控制来避免或减少，而对于一些不可控的风险，团队采取了转移风险的策略。例如，团队将活动中部分专业性的任务外包给了具有资质的专业公司：团队与当地的网络安全公司进行合作，由后者提供技术支持和信息保护，保障活动技术环节的安全。此外，购买保险也是团队在开展各类实践活动中转移风险的重要途径。

5. 接受风险

有些风险是无法完全避免的，面对这些风险，团队需要采取一种更加务实的态度，那就是接受风险。接受风险并不意味着放任不管，而是在承认风险存在的基础上，采取相应的应对措施，当风险发生时能够从容应对。在本项目中，尽管团队做了大量的准备工作，但不可避免地也存在一些难以控制的外部因素。例如，天气突变导致部分户外宣传活动无法进行，或者社区居民的参与度低于预期，这些都是团队无法完全避免的风险。针对这些风险，团队事先制定了应急预案：在遇到恶劣天气时，团队会迅速调整为室内活动，并通知相关居民；设置了线上参与渠道，确保无法亲自到场的居民可以通过网络参与活动。团队接受了风险，并通过灵活的应对预案最大限度地减少了风险带来的影响。

三、拓展练习

请结合以上案例，制定风险防范工作预案。

◇ 解题导引

制定风险防范工作预案，可遵循"风险识别 — 策略制定 — 执行保障"的系统化流程进行思考。

1. 风险识别与评估

(1)风险类型梳理。聚焦技术、安全、法律、传播等核心领域，分析项目各环节潜在风险。

(2)风险等级评定。依据发生概率与影响程度，划分高、中、低风险等级，明确防控优先级。

2.分类应对策略

(1)主动规避。通过限定项目范围、完善流程规范，从源头杜绝高风险事件。

(2)风险降低。针对可预见风险，制定标准化操作流程与防护措施。

(3)分散转移。借助多方合作、资源整合或保险机制分摊风险影响。

(4)接受风险。设立风险储备资源，应对不可控的剩余风险。

3.做好保障预备

(1)能力建设。开展专业培训与模拟演练，提升团队风险应对能力。

(2)物资准备。配备应急设备与资源，确保突发状况下的快速响应。

更多参考建议，可扫描本书封底二维码，访问配套电子资源平台。

第五章 "五点半"社区课堂项目案例

"五点半"社区课堂项目是面向社区各类群体组织开展的社区教育服务活动，旨在充分发挥大学生的教育服务特长及高校的教育资源优势，搭建多元化的社区互助服务平台，引领建设和谐社区，推动社会文明进步。团队与当地团区委联合打造的传统文化主题的青年夜校成为广受欢迎的品牌活动，得到多家省级主流媒体的多次报道。

一、案例介绍

(一)项目背景

"五点半"社区课堂作为社会实践项目，承载了多重教育意义与社会价值，对弥补家庭教育的不足、促进社区共建、传播知识与文化、培养青少年的全面发展具有深远的意义与价值。

首先，"五点半"社区课堂为中小学生提供了一个良好的补充性学习环境，不仅能督促他们完成作业，还能支持开展语文、数学、科学等学科的能力培训，从而提升其学业成绩与学习兴趣。其次，"五点半"社区课堂通过开展公益讲座、培训课程等，针对社区青年、老年人传播新知识与理念，不断拓展参与者的认知边界，促进其终身学习与思维能力发展。特别是在信息爆炸的今天，这种针对性的教育活动尤为重要，有助于培养社区成员的综合素质和适应未来社会需求的能力。

青年大学生作为"五点半"社区课堂的组织者与志愿者，承担着重要的社区责任与教育使命。他们不仅仅是知识的传播者，更是社会责任的践行者。通过参与这样的社会实践项目，青年大学生能够锻炼自己的组织能力、沟通能力和领导能力，增强团队合作精神与社会情怀，同时为其个人成长与职业发展带来积极的影响。通过在实践中积累经验、解决问题，青年大学生不仅加深了对社会实际问题的认识，还培养了解决问题的能力和创新思维，为未来在职场竞争中赢得优势积累了宝贵的经验。

(二)环境分析及存在的问题

在当前社会背景下，大学生面向社区开展教育引领服务的实践活动日益增多。这些活动通常以志愿服务形式展开，通过知识传递和技能培训，提升社区居民的教育水平和生活质量。此类社会实践活动取得了较好的效果，但也存在一些问题。

1. 教育内容零散，缺乏专业化规划

目前，大学生开展社区教育服务往往面临教育内容不系统、缺乏专业性的挑战。虽然志愿者们热心于分享知识和技能，但由于缺乏系统的教育规划和专业的教学能力，教学内容往往过于零散、不连贯。例如，在作业辅导方面，由于缺乏统一的课程设计和教学方法，学生学习效果参差不齐；在能力培训方面，由于缺乏专业人士的指导，教学内容与实际职业技能要求脱节。

2. 教育形式单一，缺乏吸引力

目前大学生开展的社区教育服务，教育形式单一，缺乏吸引力。虽然志愿者们致力于提供有益的教育内容，但活动形式较为传统，缺乏创新，缺少趣味性元素。例如，公益讲座常常使用传统的讲授

方式，未能调动年轻群体参与的积极性；在传统文化传承方面，因缺乏互动性和实践性的活动，难以激发参与者对传统文化的兴趣及进一步探索的意愿。

3. 活动组织缺乏稳定性，难以持续发展

活动组织的随机性较大，缺乏稳定性。由于志愿者的时间和个人安排限制，活动往往无法保证按时举行或保持一定的持续性。这种不稳定性影响了社区居民对项目的信任和参与度，导致项目难以持续发展。

"五点半"社区课堂作为一种新兴的社区教育模式，特别注重在下午五点半左右——社区成员多有空闲时间的时段，开展各类教育与服务活动，涵盖作业辅导、能力培训、公益讲座、传统文化传承及新知识传授等多个方面。

(三)主要目标及基本思路

结合以上分析，本项目的主要目标及推进思路如下。

1. 固定时间与活动品牌化：确保项目稳定性和可识别性

在推进项目的过程中，固定时间开展活动是确保项目稳定性和参与者可预期性的关键措施。设定固定活动时间，如五点半，可以建立起项目的品牌效应，让参与者习惯于在特定时间参与活动，从而提升项目的持续性和影响力。这种时间设定不仅有助于形成稳定的参与群体，还能在社区中建立起项目的口碑和认可度。本项目通过定期开展活动并确保内容与质量的稳定性，提升可持续性，从而促进长期发展。

2. 精心设计课程菜单：满足社区需求，提升参与积极性

精心设计的课程菜单是提升项目参与积极性和吸引力的关键因素。根据社区的实际需求和参与者的兴趣，采用菜单式课程设计，可针对不同群体提供个性化学习体验。这种方式不仅能增加参与者的选择权，还能根据反馈进行灵活调整，确保课程内容的实用性和吸引力。通过精心设计的课程菜单，项目能够更好地满足参与者的

需求，提高其学习动机和参与度，进而增强项目的社会影响力和可持续性。

3. 丰富活动形式：提升趣味性与互动性

丰富多样的活动形式是提升项目趣味性和参与度的关键策略。通过引入科学小实验、趣味故事演绎及案例实践等多元化形式，可以激发参与者的好奇心和创造力。这些形式不仅能够使学习过程更为生动和具体，还能促进参与者之间的互动与交流，从而增强学习效果和成果展示的多样性。通过设计丰富的活动形式，项目能够更好地引发和保持参与者的兴趣，提升他们的学习体验和实际应用能力，进而推动项目长期发展，使社会影响力持续增强。

(四)实施内容及步骤

1. 兴趣学堂：激发学生学习激情

团队致力于通过开设丰富多彩的趣味课堂和提供个性化学业辅导服务，激发学生的学习激情和动力。趣味课堂涵盖了艺术、科技、人文等多个领域，每一门课程都设计为能够引发学生好奇心和探索精神的体验。例如，在艺术领域，团队不仅教授基本的绘画技巧，还通过实践和艺术史讲座，引导学生探索不同艺术风格的魅力；在科技方面，学生将通过编程挑战和科技创新项目，体验科技带来的无限可能性；在人文课程中，团队带领学生探讨历史、文学、哲学等领域知识，帮助学生深入理解人类文明的发展历程和文化背景。

除了丰富多样的课程设置，个性化学业辅导也是团队关注的重点之一。根据学习水平和兴趣爱好，每位学生都将获得量身定制的学习计划和指导。兴趣学堂不仅是知识传授的地方，更是学习态度和品格塑造的舞台。团队注重培养学生的创造力、合作精神和社会责任感。通过团队项目、社区服务和跨学科的学习活动，团队成员不仅学会了如何与他人合作解决问题，还学会了如何成为一个有责任心和影响力的社会成员。

2. 文化工坊：重拾传统，创新未来

在这个项目中，团队致力于传授和实践中国传统文化的各种技艺，如书法、剪纸、陶艺等。通过专业的指导和实际操作，参与者逐步掌握书法笔画、剪纸精细刻画等各方面技巧，还能在实践中充分发挥创造力，探索传统技艺与现代审美的结合点及其在当代社会中的新应用。

项目的教学内容不仅仅局限于技能的传授，更注重引导参与者对传统文化内涵和艺术价值的深入理解。通过亲身体验和反复实践，参与者能够逐渐培养对传统文化的热爱，同时提升审美能力和艺术表达能力。

本活动提供的不仅仅是一个学习传统文化技艺的地方，更是一个启发创意和审美的创新平台。这个项目旨在引导每位学生在传承中华文化的同时，发现和释放自己的艺术潜能，成为能够在全球舞台上展示中国文化精髓的文化使者和创新者。

3. 青年讲堂：个性化学习之旅

与传统的教育模式不同，青年讲堂采用菜单式教育模式，根据青年群体的需求进行内容调研和讲授安排，重点关注技能提升、新技术发展趋势以及职业规划与生涯发展指导。

在青年讲堂中，团队精心设计课程内容，包括但不限于编程、设计、新技术应用与发展趋势等方面。这些课程不仅仅是传授知识，更注重实际操作和项目实践，帮助参与者通过实践掌握所学技能，并将其应用于实际工作和创新项目中。

个性化学习的核心在于充分尊重和理解每位学员的需求及学习风格。团队通过调研青年群体的兴趣和需求，精心设计课程内容和教学方法，确保每位学员都能在自己感兴趣的领域获得深入学习的机会和个性化指导。无论是对编程技能的追求，还是对设计理念的探索，青年讲堂都提供了一个开放、包容的学习平台，让学员们能够自由地表达和实现自己的创意和梦想。

此外，青年讲堂致力于引导参与者开展职业生涯发展的思考与

规划。团队不仅关注技能的培养，更重视帮助参与者将所学技能与个人职业目标相结合，为未来职业生涯做好充分准备。通过与行业专家和成功人士的互动交流，青年讲堂为参与者提供了解行业动态、汲取成功经验的机会，助力他们更科学地规划和实现职业目标。

个性化学习不仅帮助青年群体在技能上取得进步，更重要的是培养他们的创新能力和适应能力，使其更好地适应和引领社会变革。在青年讲堂，参与者不仅学到了技术和知识，更培养了思考和解决问题的能力，这将为其未来发展奠定坚实的基础。

青年讲堂作为"五点半"社区课堂项目的重要组成部分，通过个性化学习方式和多样化课程设置，为青年群体提供了一个全面成长和发展的平台。团队致力于通过这样的努力，培养更多有创造力、有担当、有国际视野的青年人才，使其成为社会变革的推动者与引领者。

4. 健康课程：关爱健康，传承文化

健康课程致力于为老年群体提供教育帮扶服务，特别是八段锦健身操的教学与推广。通过系统化的健身教育课程，帮助老年人强身健体，同时传承和弘扬中华优秀传统文化。团队不仅关注老年人的身体健康，更重视其文化生活的丰富性和社会融入度。

在现代社会快节奏的生活中，老年人的健康问题日益引起关注。许多老年人因长期久坐或缺乏适当的运动健康状况下滑。八段锦健身操作为一种传统的中医养生方法，以其简单易学、安全实用的特点成为许多老年人喜爱的健身选择。然而，由于缺乏专业指导和系统的学习机会，许多老年人在实践中未能正确掌握八段锦的精髓和动作技巧。为解决这一问题，团队精心设计健身教育课程，专门针对老年群体提供八段锦健身操的详细讲解和实践指导。课程内容涵盖八段锦的起源、传统理论基础及其对身体各部位的具体益处。团队特别注重教学过程中的个性化辅导，根据老年人的健康状况和身体特点，调整和定制适合的动作组合及强度，确保每位学员能够安全、有效地进行健身练习。

团队还积极推广中华优秀传统文化的价值和意义。八段锦健身操不仅是一种身体锻炼方式，更是中华优秀传统文化的生动体现。通过学习八段锦，老年人不仅可以改善身体健康状况，还能深入了解和感受中华文化的深厚底蕴。团队鼓励学员们在健身操的练习中体验传统文化的精髓，通过动作的演练和理论的学习，进一步增进对中华传统的认知和理解。

此外，团队注重营造积极互动的学习氛围和社交环境。每堂课不仅是健身的时间，更是参与者相互交流和分享生活经验的时刻。通过组织集体活动与社区活动，团队致力于帮助和鼓励老年人在活动中建立友谊网络和社会联系，从而增强其社会融入感和生活满意度。健康课程通过八段锦健身操的教学推广，既帮助老年人提升身体健康水平，又致力于传承和弘扬中华传统养生文化。通过这一系列教育服务，团队期待为社区老年群体创造健康、快乐的生活环境。

（五）主要特色

1. 时间固定化：稳定活动节奏，确保参与连续性

确保项目稳定性和可预期性的关键在于时间固定化。设定固定时间点，如"五点半"，不仅固定活动开展时间，还能建立起项目的品牌效应。这种措施不仅使参与者养成习惯，也使活动保持一定节奏，进而提升项目的持续性和社会认可度。

2. 个性化课程设计：根据需求定制，激发学习兴趣

个性化的课程设计菜单是提升项目参与度和吸引力的有效策略。根据社区需求精心设计课程，以菜单方式呈现，满足不同参与者的学习兴趣和需求。这种灵活的课程设计不仅增加了参与者的选择权，而且能根据反馈及时调整课程内容，确保活动持续具有吸引力，进而提升社区居民的参与度。

3. 多样化活动形式：增强互动与趣味性

丰富多样的活动形式是提升项目趣味性和参与度的关键。引入小实验、趣味故事和案例实践等多种方式，能够激发参与者的好奇

心和创造力。这些活动形式不但使学习更加生动和具体化，而且能促进参与者之间的互动与交流，进而加强学习效果和成果展示的多样性。

二、以案解题——如何促进项目顺利实施？

在组织社会实践活动时，团队遵循 SMAT 原则可有效提高活动执行效果。

（1）Specific（具体性）。以"艺术手工坊"活动为例，团队并不只是简单地安排学生"做手工"，而是详细地列出了具体任务：每个学生要制作一件符合主题的手工艺品；手工艺品的质量要达到一定的标准；活动结束后每位参与者都有自己的作品。这些明确的任务描述清晰地传达了活动的目标，也让志愿者们知道自己在每个环节中应该负责哪些事情。

（2）Measurable（可衡量性）。以"青年讲堂"活动为例，讲堂的目标并不仅仅是让青年人参与，而是通过量化标准来评估效果。团队设定了明确的衡量标准，如讲座的参与人数、活动的互动频率、参与者的满意度等，都是衡量活动成功与否的重要指标。活动结束后，通过问卷调查和现场反馈收集数据，对每场讲座的效果进行评估。如果讲座内容不符合青年群体的需求，团队可以根据反馈及时调整，确保后续讲座能够更贴近受众的兴趣和需求。

（3）Achievable（可行性）。以"文化工坊"活动为例，活动需要购买材料，而这笔费用超出了初期预算。团队及时调整策略，寻求当地社区的支持，通过与当地商家合作，获得了物资捐赠，解决了资金短缺问题。同时，根据团队成员的特长，将手工制作任务分配给具有艺术背景的成员，而把行政、场地布置等任务分配给擅长组织和协调的成员，确保每项任务都能在可行的条件下顺利完成。

（4）Time-bound（时间限定性）。以"青年讲堂"活动为例，活动开展前，团队规定每场活动必须提前一周完成宣传，确保宣传材料和活动内容都能提前准备好。同时，活动当天的时间安排也非常严格，每个环节都有明确的起止时间。这样的时间管理不仅有助于确保活动的顺利进行，也降低了突发情况对活动造成的影响。

按照 SMAT 原则进行任务分工，团队预防了任务分配不当、目标模糊或时间安排失当等问题，从而提升了活动的执行效率和成果质量。

三、拓展练习

假设你组织开展公益实践活动，请撰写活动安排（执行手册），确保活动的目标和内容等能够切实落实。

◇ 解题导引

撰写实践活动执行手册，可在坚持 SMAT 原则基础上，参照以下内容要素进行撰写。

1. 时间
2. 地点
3. 参与人员
4. 主要内容及分工

（1）策划设计（负责人：）

（2）队伍组建（负责人：）

（3）物料准备（负责人：）

（4）拍照宣传（负责人：）

（5）现场控制（负责人：）

5. 活动预算

序号	支出内容	预算金额(元)	备注
合计			

6. 其他事项

更多参考建议，可扫描本书封底二维码，访问配套电子资源平台。

第六章　行走的环保课堂项目案例

行走的环保课堂项目是以环保为主题的科普宣讲活动。团队着眼于提高公众对环保的认知和意识，面向村镇、社区，特别是科普资源相对匮乏的乡村，组织开展贴近生活的知识宣讲、小实验、互动体验等形式多样的科普实践活动。团队曾获评省级重点暑期社会实践团队、校级优秀社会实践团队。相关活动得到《海南日报》等省级主流媒体多次报道。

一、案例介绍

(一)项目背景

随着全球工业化和城市化的快速发展，环境问题日益凸显，环境污染、生态破坏等问题严重影响着人们的生活质量和未来发展。尤其是近年来，随着经济的高速增长，大气污染、水土流失、垃圾围城等问题不断引起社会关注，人们环保意识的培养和环保行动的实施亟待加强。

作为高校学生群体中的一员，团队成员有责任也有使命参与到环保实践中来。以校园为切入点，开展行走的环保课堂社会实践活动，旨在通过理论宣讲、环保志愿服务和环保小实验课堂等多种形式，提高大学生对环保问题的认识，激发其参与环保行动的积极性，推动环保意识深入人心，促进社会可持续发展。本项目既能提高大学生对环保问题的认识、增强其责任感，又能培养创新精神和环保意识，同时推动绿色发展理念深入人心，为共建美丽中国、共筑和谐社会注入青年力量。

(二)环境分析及关键问题确定

尽管公众的环境保护意识逐渐增强，但整体环保教育在学校和社会中的广度和深度仍显不足。学校课程中的环保内容大多局限于理论知识传授，学生缺乏实际操作和参与的机会，其环境意识和保护能力有待进一步提升。同时，社会对环保问题的认知与行动之间存在一定的差距，公众参与环保活动的积极性和深度有限，需要更有效的教育和引导来推动环境保护事业的发展。实践发现，当前高校和社会在环保教育和理念传播上存在一些不足。一是教育模式单一。传统的环保教育多以课堂讲解和书本知识为主，缺乏实地体验和互动学习，难以激发学生的学习兴趣和参与热情。二是社会参与度低。公众对环保问题的关注程度较高，但实际参与环保活动的人数相对较少，缺乏持续的动力和机制来支持社会基层的环保行动。三是政策与执行之间的落差。环保政策的制定与实际执行之间存在差距，导致部分环保措施无法有效推广和落地。四是环保技能缺乏。公众在实际环保行动中缺乏必要的技能和知识，例如，如何正确进行垃圾分类、节能减排等，影响了环保行动的有效性和可持续性。

基于以上问题，本项目组将注重从以下方面进行实践探索。一是教育方式多样化：通过环保实验课堂、户外活动和志愿服务等多种形式，学生可以在实践中增加对环境问题的了解和应对能力。二是强化社会参与：社区和学校建立合作关系，组织环保活动，提升公众参与度，建立长效的环保行动网络和平台。三是政策与实践结合：通过教育、宣传推动环保政策在社会基层的执行，实现从上到下的全面覆盖，结合政策开展实践活动，促进环保政策落实落地。四是技能培训与普及。开展环保技能培训课程，向公众传授实用的环保技能和知识，提高广大民众的环保意识和行动能力。

(三)主要目标及基本思路

行走的环保课堂项目以理论与实践结合、技术与生活贴近为原则开展实践活动，其主要目标及基本思路如下。

首先，做好理论宣讲。可以在校园内开展环保知识讲座和研讨会，邀请环保领域的专家学者进行宣讲，使学生们了解环境问题的严重性及其对人类生存的影响，进而提高环保意识，增强环保责任感。

其次，环保志愿服务是本次社会实践活动的重要内容之一。行走的环保课堂实践团通过组织开展环保宣传、垃圾分类、植树造林、清洁河道等志愿服务活动，使大学生亲身参与到环保行动中来，将环保理念融入日常生活，培养绿色生活习惯，营造校园绿色环保文化。

最后，环保小实验课堂是社会实践活动的又一创新形式。实践团通过设置环保小实验课程，如 DIY 环保产品、垃圾再利用等，增强环保实践的趣味性和亲和力，让学生们在体验中感受环保的乐趣，激发学生的创新精神和环保意识，达到以小见大的效果。

(四)实施内容

1."变废为美"环保集市

团队将通过举办环保集市、环保小创意征集、环保知识竞赛等活动，引导公众关注环保问题。活动采用创意交换和公益积分等方式，吸引广大青年和市民参与，并为环保事业建言献策。通过征集环保小创意、开展环保知识竞赛等活动，团队希望培养公众的环保意识，激发他们参与环保行动的热情。

2."呵护地球"禁塑宣讲

塑料使用对环境构成威胁，因此团队将以禁塑为主题进行宣讲活动。宣讲内容包括政策宣讲、塑料危害知识宣讲和日常生活禁塑小窍门等。团队旨在向广大青年和市民清晰地解释禁塑的理由和政策，并通过实际生活案例提供可行的替代品方案。团队希望引导大家从小事做起，从自我开始，共同减少塑料污染，保护地球。

3."守护生态"环保小实验

团队将通过小实验的形式讲解环保知识，提高青年和市民的参与积极性。这些小实验将帮助大家亲身体验一些环境问题的严重性，唤醒大家的环保意识。例如，可以进行水质测试、土壤检测、能源消耗实验等，让参与者更直观地了解环境问题，并激发他们采取行动的决心。

4."向美而行"环保故事

团队将征集并分享环保故事，树立榜样人物，营造良好的社会风尚。通过故事分享，团队将促进广大青年学生反思和内省，增强他们的社会责任感。这些故事将以真实的案例为基础，展示环保行动的积极影响，鼓励更多人加入环保事业。

5.国家环境日环保志愿行动

结合国家环境日，团队将组织系列环保志愿服务活动，邀请广大青年和市民参与其中。通过实践参与，他们将学习环保知识，体会环保理念，并提升环保意识。志愿服务活动通过垃圾分类、植树造林、清洁河道等环保行动，推动环保政策有效落实。

(五)项目优势

1.政策支持

该项目得到了政策支持。海南省作为中国自贸港建设的先锋，近年来在美丽生态岛屿建设方面投入了大量资源，出台了一系列禁塑政策。这些政策不仅旨在减少塑料污染，还在全社会范围内树立了环保理念。因而，行走的环保课堂项目能够充分利用政策红利，通过各类活动向公众传递环保知识，倡导绿色生活方式。此外，本项目还得到了海南省环保协会的官方支持。环保协会不仅为本项目提供资源和指导，还为项目的顺利实施和推广提供了强有力的保障。政策支持和协会合作为本项目的顺利实施打下了坚实的基础，使其具备了较高的可行性和社会影响力。

2. 团队优势

行走的环保课堂项目团队成员包括材料科学与工程、食品科学与工程、计算机科学与技术等专业的本硕博学生。团队成员拥有扎实的相关理论知识，涵盖了环境材料、食品安全以及信息技术等多个领域。材料科学与工程专业的成员能够提供有关环保新材料的专业建议和研究成果；食品科学与工程专业的成员能够从食品包装及其对环境的影响角度出发，提出科学合理的解决方案；计算机科学与技术专业的成员则可以通过开发环保教育软件、数据分析和互动平台等技术手段，为项目提供技术支持。多学科交叉的团队组合，使得项目能够从不同维度出发，综合考虑环保问题并提出创新性的解决方案，充分体现了大学生实践活动的水平和专业优势。

3. 实践经验

团队成员具有丰富的环保工作经验，积累了大量宝贵的素材和资源，以往参与的环保项目涵盖了社区垃圾分类推广、校园环保宣传、企业绿色运营咨询等多种形式，积累了丰富的实地操作经验和社会资源。这些经验使团队成员在面对实际问题时，能够迅速找到解决方案，并且在项目推广和实施过程中，能够有效调动社会资源，形成广泛的社会影响。同时，团队在过往项目中建立了良好的社会网络，包括政府部门、企业、非政府组织和媒体，这些资源都将为行走的环保课堂项目的进一步开展提供了有力支持。实践经验的积累不仅增强了项目的可操作性和实践性，也确保了项目的创新性和可持续性。

(六)特色及成效

1. 专业性与趣味性结合的知识宣讲

团队不仅传递环保知识，还通过精心设计的趣味实验和示范，将抽象的科学概念变得具体可见。例如，利用先进的材料科学原理展示环保材料的应用，或通过仿真软件展示环境污染的影响，使参与者在互动中领悟环保科学的实际应用和重要性。

2. 生活场景中的实践服务

团队不仅仅停留在课堂理论上，而是将环保实践直接融入日常生活。在社区和公园举办的互动活动中，团队与参与者共同解决环保问题，比如，垃圾分类、节能减排等，通过实地操作和小组讨论，增强了参与者的环保意识和解决问题的能力。

3. 创新的互动体验和宣传方式

为了吸引广大社区成员参与活动，团队采用了最新的技术手段和创新的互动体验，通过虚拟现实(VR)体验环保行动的成果，或利用增强现实(AR)展示环境改善的模拟效果，使参与者身临其境地感受到环保行动的成果和必要性。同时，团队还通过社交媒体和电子互动游戏扩展活动的影响力，鼓励更多人加入到环保教育和行动中来，形成良性的环保传播链条。

(七)推广计划

1. 进一步加强专业化队伍建设

为了进一步提升服务团队的专业化水平，团队将加强队伍培训，实施系统化、专业化的培训。首先，将邀请国内外知名环保专家和学者定期开展专题讲座和研讨会，帮助团队成员深入了解最新的环保理论和实践。这些活动不仅能丰富队伍的知识结构，还能提升他们在实际工作中的问题解决能力。其次，将通过内部交流和学习机制，促进团队成员之间的经验分享和协同合作，从而形成一支高素质、高效能的环保服务队伍。最后，将建立科学的绩效考核体系，以激励团队成员不断进步，确保服务的专业化水平持续提升。

2. 进一步创新活动形式

为了夯实活动品牌，团队将不断创新活动形式，使其既能体现环保理念，又符合百姓生活。首先，在项目设计中注重互动性和参与感，通过趣味性活动，如环保主题游园会、环保手工制作比赛等，吸引公众特别是青少年群体的广泛参与。其次，结合时下热点和节日，策划主题鲜明的环保活动，如"绿色春节""低碳夏日"等，增强活动的吸引力和影响力。最后，推广环保生活技巧，通过线上线下相结合的培训和宣传，普及节能减排、垃圾分类等知识，提升公众的环保意识和行为规范，最终实现既有意义又有意思的活动目标。

3. 进一步整合资源

为更好地开展环保教育工作，团队将进一步整合各方资源，包括政府、社区、企业和大学生社团资源，形成合力。第一，积极与政府部门合作，争取政策支持和资金投入，共同推进环保项目的实施；第二，加强与社区的联动，通过社区活动平台传播环保理念，组织居民参与环保行动，从而扩大环保教育的覆盖面和影响力；第三，寻求与绿色企业的合作，借助其技术和资金优势，共同开发和推广环保产品和项目；第四，与高校大学生社团建立长期稳定的合作关系，利用其创新思维和活力，激发更多环保创意和实践。通过多方资源的整合，团队将打造一个全方位、多层次的环保教育体系，推动环保事业可持续发展。

二、以案解题——如何寻找创新点？

当大学生参与社会实践活动时，创新不仅是一种选择，更是一种必然。在当今快速变化和不断发展的社会背景下，传统的社会实践模式已经不能完全满足社会需求和学生参与的期待。因此，团队需要寻找新的方式和方法来应对当下和未来的社会挑战。

1. 选题视角创新

创新的第一步是选题视角的创新。在选择社会实践主题时，团队没有单纯地选择传统的环保主题，而是聚焦于一些日常生活中常常被忽视的环保问题。例如，在"变废为美"环保集市活动中，团队创新性地提出了"废物再利用"这一主题，目的是引导人们通过手工制作的方式，将废弃物品变废为宝，转化为有艺术价值和实用价值的物品。通过这种方式，团队不仅宣传了环保理念，而且通过实际操作让参与者感受到环保与创意相结合的魅力。通过这样的选题，团队不仅关注了环境保护，而且通过艺术和创造力的角度切入，使活动内容更加生动、亲民，避免了环保宣传的单一性和枯燥感。

2. 解决思路创新

项目创新的另一个着眼点是项目运行方式的创新。传统的环保宣传通常侧重于告知公众环保的重要性，但往往忽视了如何帮助大家身体力行地实施环保。在"呵护地球"禁塑宣讲中，团队采用了互动性强的情景剧表演形式，通过小品剧的方式让大家直观感受到塑料污染对地球的危害。在活动现场，观众不仅可以听讲解，还可以通过与演员互动的方式参与到情景剧的演绎中，从而加强对禁塑的认识，积极参与环保行动。此外，在"向美而行"环保故事环节，团队请来了一些环保志愿者和专家，以他们的环保行动故事为切入点，吸引参与者的注意，并传递环保行动的可操作性。这种创新的思路，使得环保的解决方案更具可感知性和说服力，也提升了公众参与的积极性。

3. 技术创新的应用

在当今数字化时代，技术创新是不可忽视的重要方面。在活动中，团队通过引入数字工具和技术手段来提高实践活动的效率和效果。例如，在"守护生态"环保小实验活动中，团队利用人工智能（AI）技术开发了一款智能环保小游戏，通过扫描二维码，参与者可以参与到环保知识答题及垃圾分类的挑战中，游戏结束后系统会根据答题结果提供个性化的环保建议。技术的介入，不仅提高了活动的参与度和趣味性，还提升了环保知识的传播效果。

4. 资源整合创新

除了单一的创新外，团队还注重不同领域和资源的整合，这也是创新点的来源。在"国家环境日环保志愿行动"活动中，团队与本地环保组织、志愿者团队以及相关企业进行了深度合作，形成了强有力的社会联动效应。通过整合各方资源，团队不仅提高了活动的组织效率，还扩大了活动的影响力。例如，团队邀请环保企业现场展示可降解塑料制品，并将其作为活动礼品进行发放，这既提升了活动的实用性，也有效宣传了绿色消费理念。

5. 成效创新

基于实践活动成效的持续改进也是重要的创新点。团队通过设计前后对比的问卷调查，收集参与者的意见，把评估的结果用于后续的活动改进。例如，在禁塑宣讲活动中，团队发现部分参与者对禁塑的理解较为片面，于是在后续活动中增加了更多实操环节，比如，如何选择替代品、如何进行垃圾分类等，进一步深化了活动的实际效果，也达到了创新活动的目的。

三、拓展练习

请结合以上案例，从完善项目的角度提出进一步改进的创新策略。

◇ 解题导引

从完善项目的角度提出创新策略，可重点从技术赋能升级与传播模式创新两个方面进行探索。

1. 技术赋能升级

(1)沉浸式体验升级。如引入 VR/AR 等前沿技术，将抽象概念转化为具象场景，增强参与者的代入感，适用于环境教育、文化传承类项目。

（2）数字化工具开发。基于项目需求开发小程序或APP，整合信息发布、互动参与、成果展示等功能，提升项目运营效率与用户粘性。

（3）数据价值挖掘。运用数据分析与可视化技术，量化呈现项目成果与社会影响，为决策优化提供数据支撑。

2. 传播模式创新

（1）内容设计创新。如设计激励机制，鼓励参与者自主创作内容，利用社交媒体裂变传播，形成"人人参与、人人传播"的良性循环。

（2）传播方式创新。可通过线上直播、弹幕互动等形式，打破时空限制，邀请专家深度解读，提升活动传播力与教育价值。

更多参考建议，可扫描本书封底二维码，访问配套电子资源平台。

第七章　大学生创新创业训练营项目案例

大学生创新创业训练营项目是由计算机科学与工程、材料科学与工程等专业学生发起组建的创新创业实践团。团队通过组织开展创业知识培训、创新项目孵化、企业参访交流、创业模拟竞赛等实践活动，提高大学生的创新思维和创业能力，鼓励广大青年学生把握时代机遇，扛起时代担当，引导更多年轻人积极投身创新创业事业，助力国家经济高质量发展。项目累计培育团队或个人在各类创新创业竞赛、学科竞赛中获得省级以上奖励 100 余项，其中国家级奖励 20 余项。

一、案例介绍

（一）项目背景

当前，全球科技创新进入加速迭代期，新一轮科技革命和产业变革深入发展，人工智能、新材料、数字经济等新兴领域正重塑全球经济格局。我国正处于经济转型升级的关键阶段，党的二十大报告明确提出："完善科技创新体系。坚持创新在我国现代化建设全局中的核心地位。"加快实施创新驱动发展战略，培养具有创新精神和创业能力的高素质人才，既是高等教育服务国家战略的使命担当，也是实现人才强国战略的关键路径。

高校作为人才培养的主阵地，承担着为社会发展输送创新创业型人才的重要职责。近年来，教育部持续深化"双创"教育改革，先后出台文件，推动创新创业教育融入人才培养全过程。然而，传统教育模式仍存在理论教学与实践应用衔接不足、跨学科创新能力培养体系不完善等问题，导致部分学生面临创新思维受阻、创业实战经验匮乏等困境。

基于此，本项目将探索构建"专业教育＋双创教育"深度融合的人才培养新模式，打造青年学子实现创新梦想的实践平台，为国家创新驱动发展战略注入青春动能，为建设科技强国培养敢闯会创的生力军。

(二)环境分析及关键问题确定

政府和社会鼓励创新创业教育，近年来，对创新创业教育的政策支持逐渐增加。一些地区和高校通过政府专项资金、税收优惠和项目支持等方式，鼓励学校开展创新创业教育，营造了良好的教育氛围。当然，不同高校在师资力量、实验室设施、创新基地等资源方面的差异较大。一些顶尖高校拥有丰富的资源和强大的管理能力，能够提供全方位的创新创业支持；而一些普通高校则面临资源有限和管理不足等挑战。

社会对创新创业人才的需求日益增加，特别是在新兴科技、数字经济和绿色发展领域。市场导向教育的推动，促使高校关注实际技能和市场应用能力的培养。同时，教育方案能否与市场需求紧密对接，决定了学生毕业后的就业竞争力和创业成功率。对市场需求的敏感度和快速响应能力，成为高校开展创新创业教育的重要考量因素。一些高校通过建立跨学科的创新团队、开设跨学科课程等方式，促进不同学科的知识融合和创新合作。跨学科整合能力决定了学生能否获取多元化的知识和技能，提高创新的深度和广度，增强其应对复杂问题和挑战的能力。

大学生创新创业教育开展以来取得了一些成效，但在当前实施中仍存在一些问题，主要集中在以下几个方面。

(1)理论与实践脱节。许多大学创新创业课程侧重于理论知识传授，而缺乏实际操作与实地实践的机会。学生缺乏实践经验，难以将理论知识转化为实际创新能力或创业实践的技能。

(2)跨学科融合仍显不足。创新创业常需要跨学科的知识和技能，但现有的课程设置和教学方式未能有效整合不同学科领域的知识，限制了学生在实际应用中的创新能力。

(3)在对创新创业教育培养的同时忽略了责任感教育。许多创新创业教育活动仍存在"重技能传授、轻价值引领"的倾向，过度聚焦商业模型构建、融资技巧训练等工具性内容，而忽视对创业者社会责任意识、科技伦理观念的系统性培育和引导。

这些问题的存在，制约了大学生创新创业教育的有效性和学生创新能力的全面培养。未来的改进需要综合考虑课程设计、资源配置和教学方法等多个方面，以促进学生在创新创业领域的全面发展和实际能力的提升，最终达到实践育人的目标。

(三)主要目标及基本思路

项目团队经过实践探索，初步形成"125"的项目理念和实施路径。

"1"即明确一个中心目标，通过实践育人，培养德才兼备的创新实践型人才，既有专业知识又有实践能力，既了解行业社会发展情况，又有家国情怀、责任担当的时代新青年。

"2"即抓好两个关键。一是立足社会，以问题为导向，引导团队了解社会发展，寻找行业机会，感悟责任担当。二是立足实践，以项目化为抓手，以实践为主线，促进学生理论知识转化与面向任务的项目化实践能力提升。

"5"即开展五类项目活动：创新创业邀请赛、创新创业培训讲座、创新创业路演沙龙、创新创业成果交流会、企业实践日。

(四)实施内容及步骤

1. 举办创新创业邀请赛

以赛促进，通过开展"互联网+"大学生创新创业竞赛邀请赛、材料微结构大赛、计算机程序设计大赛邀请赛等创新创业类竞赛，充分利用已有的竞赛平台、激励政策及相关措施，激发学生参与积极性，同时促进其项目化能力提升。

2. 举办创新创业培训讲座

围绕专题邀请创新创业导师开展创新创业培训讲座，讲解创新创业理论知识、分析创新创业竞赛政策、解读创新创业竞赛关键点等，提升学生创新创业理论水平和政策解读能力。

3. 举办创新创业路演沙龙

搭建项目展示交流平台，通过开展项目路演，传递优秀经验，促进项目整合提升，也达到提升团队沟通和项目展示的效果。

4. 举办创新创业成果交流会

展示创新创业优秀成果，搭建项目交流与整合平台。在成果交流会上，项目间可进行成果整合和创意交换，同时开展人员招募。成果交流会面向广大学生开放，既提供项目学习机会，又营造良好创新创业氛围。

5. 开展企业实践日

结合项目开展情况，针对性开展行业、企业走访和社会服务。一方面了解社会、行业、企业发展中遇到的重点和难点问题，促进项目设计与提升；另一方面梳理社会、行业发展资源和机会，促进资源整合，通过项目交流，搭建校企合作平台，促进技术交流和成果孵化。同时，开展企业实践日可提升学生的社会服务意识，强化其知识服务社会的责任担当。

(五)资源及条件保障、风险评估

经过梳理，项目具有以下资源和优势。

1. 专业优势

团队成员来自不同学科，涵盖了工程技术、社会科学、自然科学等多个领域。这种跨学科的特点使得团队能够综合运用不同学科的理论和方法，提供更全面、深入的解决方案。例如，在解决实际问题时，团队能够结合工程技术的实施能力和社会科学的政策建议，以及自然科学的数据分析，从而确保项目的科学性和可操作性。

2. 项目平台优势

团队将利用现有的平台和资源开展项目，包括学校实验室设施、校内组织的支持，以及与社会各界的合作网络。这些资源不仅能够为项目提供必要的设备和场地支持，还能通过校外合作伙伴的参与，增强项目的影响力和可持续性。

3. 政策优势

团队的项目与当前国家政策方向高度契合，具有政策支持的优势。同时创新创业教育也是当前学校育人工作的重点，也能得到相应的政策支持。这些政策不仅能为项目提供法律和政策框架支持，还能在项目推广和扩展过程中提供必要的背书与认可。

4. 活动经验优势

团队成员在类似领域的活动中积累了丰富的经验。例如，在过去的项目中，团队成功组织了多场大型活动，涵盖了社区服务、科技创新等多个方面。这些经验不仅加强了团队的组织能力和协作效率，还培养了团队成员在项目管理和风险应对方面的技能，为本项目的顺利实施提供了宝贵经验和支持。

5. 资源保障

团队将充分利用以下资源来支持项目的顺利开展与推广。一是学校支持，利用校内的实验室、科研基地和学术资源，确保项目在技术实施和数据分析方面的科学性和准确性。二是校外合作伙伴支持，与社会各界的合作伙伴建立长期稳定的合作关系，获取外部资源和技术支持，扩大项目的影响力和可持续性。三是财务支持，通过申请校内外资助项目和活动经费，保障项目在经济上的可持续性与稳定性。

6. 风险评估及应对

一是安全风险，在项目实施过程中，可能存在设备故障、数据泄露等安全风险。为应对这些风险，团队将制定详细的安全管理方案，包括定期检查设备安全性、加强数据加密和备份措施，以及建立紧急响应机制，及时处理可能出现的安全问题。二是法律风险，项目可能涉及知识产权、合同履行等法律风险。为降低法律风险，团队将邀请法律顾问，审查项目相关文件和合同条款，确保各项活动合法合规。同时，团队将遵守当地法律法规，保证项目在法律框架内稳妥推进。

(六)特色及成效

1. 理论牵引，实践驱动

项目以创新创业实践为抓手，通过理论讲授夯实创新创业理论知识，借助创新竞赛和实践拓展创新思维能力，实现理论与实践相结合，全面提升学生创新创业综合素质。

2. 自主设计，企业实践

鼓励学生自主通过项目立项，组建团队，开展创新创业实践，提升自主设计思维和团队沟通能力。结合学生创新创业项目设计，开展企业实践，达到设计与实际碰撞、校园与行业联通的作用，提升学生解决实际问题的能力。

3. 聚焦项目，跨科拓展

每期训练营聚焦某一项目主题，保证了活动的中心明确，同时训练营也根据学科交叉的原则，设计跨学科的团队或项目交流，实现跨学科拓展，促进融合创新。

4. 团队打造，平台搭建

训练营以团队为实践的基础单元，并重点支持团队打造精品项目。但项目同时也通过展示交流的形式，搭建资源整合和教育引导平台，不仅通过团队展示项目，达到以"教"促提升、以"交流"促整合的目的，还搭建了创新创业教育学习平台，营造良好的创新创业氛围，引导广大学生参与到创新创业实践中。

5. 问题导向，责任升华

团队围绕实际问题开展项目讨论和设计，在社会实践活动中检验设计成效。团队成员通过沙龙活动进行成长交流，提升了实践能力，也促进了实践感悟向情感升华的转变，形成社会责任感，进而达到立德树人的根本目标。

(七)推广计划

项目推广将从以下三个方面进行。

1. 夯实基础队伍

为了确保项目持续运行和发展，首要任务是夯实基础队伍。具体措施包括：一是导师团队建设，扩大导师队伍，引入具有丰富实践经验和理论水平的导师，为学生提供全面的指导和支持；二是完善学生选拔机制，设计并实施严格的学生选拔制度，依据学术表现和实践潜力评估学生参与项目的适宜性；三是培训体系建设，开发针对不同层次和需求的培训课程，涵盖创新创业理论、技能和实践经验的传授，以提升学生的综合能力和竞争力。

2. 夯实品牌项目

通过优化现有项目和引入新的特色项目，进一步夯实项目品牌效应和影响力。一是优化现有项目，对现有的创新创业竞赛、讲座、路演和成果交流会进行细化和优化，提升其专业性和吸引力。二是引入特色项目，开发符合时代需求和行业发展趋势的新型项目，如面向社会发展难题的创新解决方案竞赛、跨学科合作项目等，以增强项目的创新性和实效性。三是品牌宣传和推广，加强项目的宣传推广工作，提升其在校内外的知名度和影响力，吸引更多优秀学生和外部资源参与并获得支持。

3. 拓展影响教育范围

进一步推动项目发展，夯实基础，提升品牌影响力，拓展教育影响范围，从而有效培养出德才兼备、有责任担当的创新实践型人才。一是跨学科教育整合，推动创新创业教育与其他学科领域的跨界融合，促进学科间的知识交流和创新实践，培养具备综合素养的创新人才。二是校内外合作扩展，加强与校内科研机构、社会企业、社区等开展合作，共享资源和优势，拓展项目的合作范围和深度。三是社会影响力扩展，扩大项目的社会影响力和可持续发展力度，通过媒体宣传、社会活动参与等方式，增强项目在社会中的认知度和影响力。

二、以案解题——如何整合资源促进项目实施与推广？

在准备开展社会实践活动时，整合资源是确保活动成功的关键步骤。梳理和整合资源可以从以下几个方面考虑。

第一，人力资源。确定团队需要多少志愿者，并考虑他们的技能和能力，以及如何招募和管理志愿者团队。此外，是否需要专业人士或导师的指导（如老师、社会工作者或相关行业的从业者），也是需要考虑的重要因素。本案例重点结合高校大学生的特点，将所学专业作为重要资源进行梳理和整合，既保证了社会实践能有效开展，又能促进大学生将理论与实践结合，进一步提升专业能力。

第二，物质资源。确定活动所需的场地，如会议室、户外空间或实验室设备等；确保活动所需的材料和工具，如宣传资料、文具、安全装备等，以支持活动顺利进行。大学校园具有较充足的会议室、活动空间等资源，可保证实践项目顺利开展。

第三，财务资源。制定详细的预算，要考虑到各项开支，如交通费、餐饮费、宣传费用等。同时要考虑是否可以从学校、社区或企业获得赞助或捐赠，以支持实践活动顺利进行。

第四，信息和技术资源。确定如何宣传和推广实践活动，需要考虑社交媒体、传统媒体或其他宣传途径。必要时还需配备相应技术设备和支持，如音响设备、投影仪或在线平台的使用。随着信息技术发展，网络媒体平台已成为大学生开展社会实践的重要资源和优势，特别是在新媒体运用方面，大学生具有天然优势，这些都将有效促进活动顺利开展并提升实施效果。

第五，法律和行政资源。法律和行政资源的合规性是不可或缺的一部分。确认活动是否需要特定的许可证或遵守特定的法律法规，了解如何获得行政支持，如场地预订、安全审核等，也是确保活动顺利进行的重要步骤。本项目充分研究相关政策，结合国家政策对创新创业的支持导向，争取到学校和社会的支持，这对于大学生开展社会实践至关重要。

通过综合考虑以上各个方面，实践者可以更好地策划和准备社会实践活动，并确保资源的充分利用和有效整合，从而提升活动的成功率和社会影响力。

三、拓展练习

请结合以上案例，梳理创新创业的政策支持内容。

◇ 解题导引

梳理创新创业政策支持内容，可从国家政策、地方扶持两个层面切入，围绕资金、税收、场地、服务等方面进行梳理。

1. 国家政策

(1)资金保障体系。聚焦创业贷款额度、贴息机制及补贴奖励政策，解决项目启动资金难题。

(2)税收优惠政策。了解针对高校毕业生个体经营的税收减免等政策，降低创业成本。

2. 地方扶持

(1)场地资源支持。如众创空间建设等政策，降低入驻门槛，制定税收普惠措施等。

(2)贷款政策扶持。对于个人及小微企业贷款给予相应的政策支持。

(3)营商环境优化。出台政务审批提速、数据共享改革等举措，提升创业办事便利度。

更多参考建议，可扫描本书封底二维码，访问配套电子资源平台。

第八章 "百村百项"自贸港建设成就观察实践团项目案例

"百村百项"自贸港建设成就观察实践团项目，通过组织青年学生走访调研 100 个村镇，收集展示 100 项自贸港发展成果，引导青年学生了解社会发展、制度优势和人民力量，帮助他们形成正确认识，坚定理想信念，积极投身国家建设事业。"百村百项"自贸港建设成就观察实践团被确定为省级暑期社会实践重点团队，获海南省"优秀社区实践团队"，海南大学"优秀实践团队"称号。

一、案例介绍

(一)项目背景

随着国家推进建设自由贸易区和自贸港的部署，海南迎来前所未有的发展机遇。为深入推进海南自贸港建设，加快海南经济发展，提升当地群众的生活质量，特制定本服务计划。项目团队将通过走访调查 100 个村庄或城镇，形成 100 项(调研报告、视频、文章等)调研成果，展示海南自贸港建设成效及乡村振兴战略实施成果。项目旨在以服务团队为纽带，整合社会各界资源，通过建设成就展示激发参与热情,引导各界积极投身海南自贸港建设,实现经济发展与社会进步的双赢目标。以自贸港建设观察为基础打造的实践课堂,有效促进学生增见识、长才干。同时通过实践归来话成长分享会、实践成效数字化传播等方式,影响广大青年学生,坚定建设信心,积极参与自贸港建设。

(二)环境分析及关键问题确定

自贸港建设的重要成就在于经济发展和政策创新方面的突破。政府部门在政策推广过程中重点宣传了税收优惠政策、市场准入放宽等重大举措。这些举措有助于吸引更多的企业和资本进入自贸港,推动当地经济快速增长。同时,自贸港建设已经在国内外媒体上获得了一定的报道和关注,其知名度和国际影响力有了显著提升。例如,一些知名企业已经在海南设立了总部或分支机构,这些成功案例通过媒体传播,充分展现了自贸港在吸引投资和促进贸易自由化方面的潜力和成就。

然而,尽管有这些成就,但自贸港建设在普及度与公众知晓度方面仍存在一些不足。由于政策信息传播渠道不畅、普及力度不够,以及相关信息对于一般公众来说过于专业化和抽象化,大部分普通市民对自贸港的理解仍停留在模糊概念层面,对于其政策细节和实际影响缺乏深入了解。自贸港建设需要广泛的社会参与和支持,但目前公众的参与度仍显不足。

首先,由于政策实施对于个人层面的具体影响不够直接和显著,大多数普通市民并没有深刻感受到自贸港建设对他们日常生活的实际改变。例如,税收优惠政策的直接受益群体相对有限,一般居民的直接利益不明显,这降低了他们对自贸港建设的参与积极性。

其次,自贸港建设的参与机制和民间组织的互动平台尚未充分建立和完善。民间组织在宣传普及、政策解读和民意反馈等方面发挥的作用不够突出,导致自贸港建设成果和政策在基层传播不足,影响了居民的参与意识和主动性。

基于以上分析，本项目确定了以下几个方面的工作。

一是开展成就调研，带动广大青年和市民主动探索，找寻自贸港建设中的变化、成绩等，了解自贸港建设取得的巨大成效。同时通过制定更具体、直观的宣传策略，借助多种媒体形式向公众阐释自贸港建设的意义、成就和潜力。

二是搭建平台，通过走访了解百姓生活、乡村变化，建立政策反馈和民意调查平台，听取社会各界对自贸港建设的意见和建议，增强政策的公众参与性。同时，在学校和社区开展针对性的自贸港知识普及活动，提高公众对自贸港建设的认识、理解和参与积极性。

三是开展志愿行动，号召广大青年和市民积极投身自贸港建设，利用所学专业和特长，在科普宣讲、红色文化保护、文化创意、教育服务等方面开展行动，共同建设美丽海南。

(三)实施内容及步骤

1. 自贸港政策宣讲服务

自贸港政策宣讲服务旨在通过多种形式向广大市民介绍海南自贸港的政策措施、优势和前景，激发市民参与和支持自贸港建设的热情。团队将结合线上线下的方式，以工作坊、讲座、网络直播等形式，详细解读自贸港政策的背景、目标和实施路径。团队将邀请海南自贸港内的成功创业代表，分享他们的创业故事和心路历程，以此激励更多年轻人积极投身到自贸港建设中来。成功案例分享活动不仅仅是经验交流，更是对自贸港政策实施成果的生动诠释，为青年人树立成功榜样，鼓舞他们勇敢迈出创业的第一步。

2. 美丽乡村文案策划大赛

美丽乡村文案策划大赛旨在推动海南省内的美丽乡村建设和文化旅游产业发展。活动将以走访和调研海南省各乡镇或村庄为主要形式，成员将深入了解当地的自然环境、人文历史和村庄特色。在此过程中，团队成员将与当地村民进行深入交流，学习和借鉴他们的生活智慧与文化经验，并收集第一手资料。基于调研结果，团队将撰写具有创新性和可行性的策划方案，提出建设美丽乡村和发展文化旅游产业的建议。此外，还将组织文案展示会，邀请专家学者、政府官员和旅游业界人士对策划方案进行评审和指导，以提高方案的实际应用价值。这种互动与学习不仅有助于推动当地美丽乡村建设，还能增强大学生的社会责任感和实践能力，同时促进城乡文化交流与融合。

3. 文化教育活动服务

文化教育活动服务将通过艺术讲座、文化展览和演出等形式，传播文化教育与美育理念，提升市民的文化素养与审美水平。团队将邀请专家学者和艺术家，开展多样化的文化交流活动，推广海南本土文化及传统文化，促进文化多元化与创新性发展。通过这些活动，团队希望不仅加深市民对海南文化的认知和理解，还能够为社会文化的持续发展注入新的活力和动力。

4. 环保科普服务

环保科普服务旨在通过科普讲座、现场观测和义务清洁等形式，向公众传递环保知识和技能，推广自然环境保护与生态文明建设理念。团队将组织专业的科普团队和志愿者，深入社区和学校，开展环保教育和实践活动，鼓励市民积极参与到环境保护与生态建设中来。通过这些活动，团队期待能够增强市民的环保意识，促进环保理念深入人心，为海南自贸港可持续发展贡献力量。

5. 红色文化传承服务

红色文化传承服务将深入红色文化遗产景点和红色文化主题馆，开展红色文化知识宣传与传承工作，通过讲解和互动体验，向公众介绍海南自贸港建设的意义及其对当地社会经济发展的积极影响。团队将与当地相关部门和社区密切合作，收集和整理群众的反馈意见，不断改进和优化服务质量，推动海南红色文化遗产保护与传承工作，为自贸港建设注入历史和文化的深厚内涵。

(四)团队、资源及条件保障

1. 团队优势

团队主要由一群来自国际商学院的学生组成，这为团队进行海南自贸港建设成就观察与宣讲工作提供了强大的理论和实践支持。首先，国际商学院的学生接受了系统的经济学、管理学以及社会学等多方面的学术训练，具备扎实的理论基础知识。这些知识使团队能够深刻理解海南自贸港建设的经济意义及其对区域经济发展的推动作用。此外，团队成员在校期间积极参与各类社会调研和项目实践，积累了丰富的实地调研经验，能够科学设计调查问卷，合理选择样本并高效收集数据，从而确保调研结果的科学性和可靠性。团队成员不仅具备理论分析能力，还拥有出色的沟通与演讲技能，能够将复杂的经济现象和政策措施通过简明易懂的方式传达给广大市民，激发他们对自贸港建设的关注与参与热情。

2. 政策优势

作为海南大学的学生，团队天然地享有地缘与政策上的双重优势。海南大学作为地方重点高校，与海南省政府和各级部门保持着紧密的合作关系，学校内外资源的高度整合为团队项目提供了有力保障。团队不仅熟悉海南省的基本情况，包括自然资源、经济状况、文化特色和社会结构等，还对自贸港建设的具体政策和实施进展有深入了解。自贸港建设作为国家战略的一部分，得到了中央和地方各级政府的高度重视和大力支持，因此团队在开展宣讲活动时，能够获得政府部门的充分配合与支持，如获取政策资料、进入调研现场、采访相关负责人等。同时，海南省政府积极鼓励宣传自贸港建设成就，这为团队的宣讲活动创造了良好的外部环境，有助于提升活动的影响力和覆盖面。

3. 其他优势

除了上述团队和政策优势外，团队项目还具备其他多方面的突出优势。首先，海南自贸港建设作为一项国家级战略工程，其重要性和影响力无可比拟,这使团队的项目具备较高的社会关注度和媒体传播价值,能够吸引广泛的社会关注和支持。其次,海南独特的地理位置和优越的自然条件,使其在自贸港建设中具备独特的区位优势,相关成就具有代表性和示范意义,有助于团队在宣讲过程中形成鲜明的主题和生动的案例。此外,海南大学丰富的校友资源和社会联系网络也为团队项目的顺利开展提供了坚实保障,通过校友和合作单位,团队能够更广泛地收集信息、获取支持并扩大影响。同时,作为年轻一代,团队富有创新思维和活力,能够在宣讲形式和内容上不断创新,采用多媒体、互动等手段,使宣讲活动更加生动、有趣,进而更好地激发市民的参与热情和自信心。

(五)特色及成效

1. 跨学科融合与协同创新

项目通过跨学科融合与协同创新,汇聚了经济学、管理学、法学、环境科学等多个领域的专业人才,形成综合性研究团队。各学科专家共同参与,从不同角度对海南自贸港发展进行系统分析和深入探讨。通过跨学科的视野,团队不仅能够全面审视自贸港的现状与挑战,还能提出具有前瞻性和可行性的解决方案。例如,在贸易自由化政策研究中,经济学者提供数据分析和模型预测,法学专家审查相关法律法规的合规性和可操作性,管理学者则制定具体的实施方案和运营模式。这种跨学科协同创新的模式,不仅拓展了研究的广度和深度,也为海南自贸港建设提供了科学合理的决策依据。

2. 实地调研与数据驱动分析

项目高度重视实地调研与数据驱动分析,通过深入海南自贸港的核心区域和重点企业,收集第一手资料。调研团队采用问卷调查、深度访谈、现场观察等多种方法,对自贸港的基础设施、政策落实、企业运营等方面进行全面评估,同时,运用大数据和人工智能技术,对收集的数据进行处理和分析,揭示潜在问题和发展趋势。例如,通过对物流运输数据的分析,可以发现瓶颈环节,提出优化路径;

通过企业问卷调查，掌握政策执行过程中的实际困难，并提出针对性改进建议。实地调研与数据驱动分析的结合，不仅确保了研究成果的准确性和可靠性，也增强了项目的实践指导意义。

3. 绿色发展与可持续创新

项目以绿色发展与可持续创新为核心理念，致力于探索自贸港建设与生态保护的协调发展路径。研究团队广泛借鉴国际先进经验，结合海南本地的生态环境特点，提出了一系列绿色发展策略和可持续创新方案。例如，项目倡导构建低碳经济体系，通过推广可再生能源、提高能源利用效率、减少碳排放等措施，实现经济增长与环境保护的双赢。同时，项目还强调加强生态文明教育，提升公众的环保意识，推动绿色生活方式的普及。通过生态环境监测与评价体系的建立，实时跟踪和评估自贸港建设对环境的影响，确保各项开发活动在环境承载能力范围内进行。绿色发展与可持续创新的理念，不仅彰显了项目的社会责任感，也为海南自贸港长远发展奠定了坚实基础。

二、以案解题——如何设计项目的实施内容？

内容设计是项目能否实现目标的关键。如何把握关键问题以做好项目设计，是团队在项目实施过程中应该着重考虑的事项。

1. 调研先行，发现潜在社会需求

在任何实践活动的前期，调研都是至关重要的一步。没有调研就无法准确识别社会需求，也难以针对性设计项目内容。在本项目中，团队成员分赴不同的村庄，通过问卷调查、深度访谈等方式，了解当地居民的实际需求与困惑。例如，我们在进行自贸港政策宣讲时，发现部分农村居民对自贸港政策知之甚少，甚至对自贸港的概念存在较大的认知偏差。因此，我们调整了活动形式，采用了更为生动、易懂的宣讲方式，并结合当地的实际情况，提出了如何通

过自贸港政策推动当地产业发展、提升农民收入等具体建议。同时，我们还根据村民对文化教育、环保等领域的需求，开展了相应的文案策划大赛和环保科普活动，取得了良好的反馈。调研工作帮助我们发现了潜在社会需求，避免了"坐而论道"的空谈，确保了活动内容的实用性与可操作性。

2. 明确实践目标，聚焦核心问题

社会实践活动并非简单地"做事"，而是通过解决实际问题来推动社会进步，改善民生。因此，每一个社会实践活动都需要有清晰的目标和聚焦的核心问题。经过初期充分的讨论与调研，团队明确了目标：通过开展自贸港政策宣讲、美丽乡村建设等一系列活动，助力自贸港建设成果的普及推广，推动当地乡村振兴与社会进步。明确目标后，团队进一步聚焦了核心问题——如何在自贸港建设背景下，有效普及相关政策，推动乡村文化振兴与可持续发展，帮助村民真正理解相关政策，并为他们提供切实可行的解决方案。通过这一明确的核心问题，团队有针对性地设计后续活动内容，避免活动方向的偏离。

3. 做好项目设计与规划

成功的项目往往有明确的规划与合理的设计。项目设计不仅要符合目标需求，还要结合实际情况，具有可行性。例如，在"美丽乡村文案策划大赛"中，团队不仅明确了大赛的主题和评选标准，还对参与者、活动流程、宣传方式等进行了周密策划，特别注意到活动的可持续性与长远性；在"红色文化传承服务"活动中，团队没有停留在一次性的调研，而是设计了后续的"红色文化展示"和"红色故事传承"活动，确保当地居民可以持续参与，进一步感受红色文化的力量，提升集体归属感。

4. 把握关键环节

每个项目都会有一些决定成败的关键环节，在实践活动中，团队需要识别出这些环节，并予以重点关注。例如，在美丽乡村建设中，如何激发村民的参与热情成为一个关键问题。为了突破这个难

题，团队设计了文案策划大赛这一活动形式，不仅提高了村民的参与度，还让他们通过实际创作加深了对美丽乡村建设的理解与认同。

5. 建立反馈机制，持续优化项目

任何社会实践活动都不可能一蹴而就，反馈机制的建立与项目持续优化至关重要。团队保持项目的动态开放性，通过沟通、总结及时汇总经验与教训，调整工作策略。比如，在"环保科普服务"活动中，团队成员通过与村民沟通，发现有些环保知识的传播形式还不够生动、直观，因此，后期调整了宣传方式，通过增加互动环节和趣味元素，提升了村民的参与积极性与学习效果。

三、拓展练习

请结合以上案例，设计活动并撰写项目申报书。

◇ 解题导引

设计活动并撰写项目申报书，应关注以下核心要件。

1. 背景与目标

应注意以下两个方面：一是政策关联性，应紧扣国家战略（如海南自贸港建设）或地方需求，阐述项目的现实意义；二是目标清晰，可从认知提升、能力培养、价值提升等方面分层设定具体目标。

2. 内容设计

结合申报要求设置合理的主题，每个主题应包含实施目标、具体实施内容、执行路径、重点及难点分析等。

3. 实施管理

一是阶段化实施流程，一般可以划分为准备阶段、实施阶段、总结阶段；二是可量化成果体系，包括调研报告、活动影像、学术论文、专利/软著申请、产业对接方案等。

4. 资源与预算安排

一是多方资源协同，通过整合政府、高校、企业等多方资源，促进项目顺利实施；二是精细化预算编制，按实际开支分类列示，可预留 10%～15% 作为应急资金。

更多参考建议，可扫描本书封底二维码，访问配套电子资源平台。

第九章　信仰青年说宣讲团实践项目案例

　　信仰青年说宣讲团实践项目是由马克思主义专业学生发起的理论宣讲类实践活动。团队紧密围绕学习贯彻习近平新时代中国特色社会主义思想，组织引导青年学生将理论学习与社会实践相结合，同时将学习党的历史与讲述党的故事结合起来，深入一线基层、深入人民群众，开展有特色、接地气的宣讲服务活动。自项目开展以来，团队多次荣获海南省"优秀社区实践团队""优秀社区实践项目"，以及海南大学"优秀实践团队"等荣誉；同时，十余名团队成员获评"学生积极分子"。

一、案例介绍

　　信仰青年说宣讲团成立于 2018 年 5 月，以深入学习习近平总书记系列重要讲话精神，加强高校思想教育，探索高校人才培养新模式、新渠道为中心任务，引导学生自我教育、自我管理与自我服务。

(一)项目背景

　　习近平总书记指出："宣传思想文化工作事关党的前途命运，事关国家长治久安，事关民族凝聚力和向心力，是一项极端重要的工作。"宣传工作应将理论知识与实际工作相结合，深入基层、贴近群众，了解社会热点、难点问题，引领和带动青年群体，共同培育积极向上的社会风尚。在此过程中，持续传播社会能量，切实引导树立正确的世界观、人生观和价值观。

中共中央、国务院《关于加强和改进新形势下高校思想政治工作的意见》指出：要实施大学生马克思主义自主学习行动计划，更好发挥理论学习骨干的引领作用和学生理论社团的带动作用，加强青年马克思主义者培养。

因此，大学生参与基层宣讲，不仅是参与社会实践、提升综合素质的方法，也是展示青年担当、奉献国家、服务社会的有效路径。通过理论宣讲带动青年学生参与社会调研、志愿服务等社会实践，助力新时代青年在社区基层成长、成才、成功，更好服务社会高质量发展。

(二)环境分析及关键问题确定

当前大学生积极参与基层宣讲，社会效果明显，但是也存在一些问题，主要表现在以下几点。

第一，宣讲员自身存在的问题。由于宣讲员临场宣讲经验不足，对当众"授知识、说事实、讲道理"的宣讲模式接触较少，对所涉的宣讲内容陌生，过度依赖书本讲稿；话语表达过于冗长，容易反复讨论；宣讲者缺乏自信心和感染力。

第二，宣讲内容脱离基层的问题。由于宣讲内容脱离基层，社区居民对理论宣讲兴趣不足，整体参与度较低。

第三，宣讲形式单一、缺乏吸引力的问题。社区理论宣讲工作不是一蹴而就的，目前宣讲形式单一，缺乏吸引力，因而要健全相关工作机制，不断完善宣讲内容和方式，不断创新工作方法，加强互动性、实效性和针对性，让宣讲工作更好地服务社区文明建设。

（三）主要目标及基本思路

基于以上问题，本项目确定了以下主要目标及基本思路。

提升队伍素质，打造"身边的"宣讲团；解答实际问题，将"书面语"讲成"知心话"；丰富宣讲形式，将"天下事"讲成"身边事"；主动投身群众性文明建设工作，把党的创新理论"讲透"，使社区居民"日用心不觉"。在社区宣讲中，要将理论内容转化为"接地气"的故事、案例或比喻，清晰地阐述其中的理论逻辑、历史逻辑和实践逻辑。既要讲清楚以中国式现代化全面推进中华民族伟大复兴的"大道理"，又要讲明白解决人民群众关心的急难愁盼问题的"小道理"；既要讲好习近平新时代中国特色社会主义思想"第一议题"，还需讲到基层百姓普遍关注的就业、教育、医疗、养老等民生问题；既要讲好强国建设、民族复兴等宏伟目标，还要讲到倾听群众心声、回应群众诉求的微观要求，使社区居民"知其然、知其所以然、知其所以必然"。

经过实践，宣讲团目前已经逐步形成了"1345"育人体系，即围绕一个目标、凝聚三个品牌、强化四个支撑、推行五种形式。形成了在朋辈教育中引领思想，在思想浸润中坚定信念，推进学生学思用相长、知信行合一的学思践悟长效机制，不断坚定学生"四个自信"，引导广大青年学子争做社会主义接班人。用新形式打动人心，做习近平新时代中国特色社会主义思想的宣传员，凝心聚力，推动海南自由贸易港建设，助力中华民族伟大复兴中国梦的实现。

（四）实施内容及步骤

1. 围绕"一个目标"，强化思想引领

信仰青年说宣讲团，以深入学习习近平总书记系列重要讲话精神，加强高校意识形态阵地建设，探索高校人才培养新模式、新渠道为中心任务，培养既有高尚的道德修养，又有扎实的理论功底和过硬的专业技能的大学生，积极发挥大学生参与宣讲的主动性、积

极性，让宣讲员在亲身体验中了解世情国情，在服务奉献中厚植爱国情怀，在实践锻炼中增长知识才干，激励广大学子努力成为担当民族复兴大任的时代新人。

2. 凝聚"三个品牌"，提升成果转化

1）品牌活动 1：大学生讲思政课

为深入推动习近平新时代中国特色社会主义思想进教材、进课堂、进学生头脑，深化新时代高校思政课改革创新，不断增强思政课的思想性、理论性和亲和力、针对性，鼓励支持大学生发挥积极性、主动性、创造性，认真学好思政课，坚定中国特色社会主义道路自信、理论自信、制度自信、文化自信，努力培养担当民族复兴大任的时代新人，培养德智体美劳全面发展的社会主义建设者和接班人，信仰青年说宣讲团组织团队打磨"思政课"，录制课程视频 20余部，并荣获全国高校大学生讲思政课公开课展示活动全国二等奖、三等奖和优秀奖。

2）品牌活动 2：网络评论大赛

习近平总书记在 2014 年 2 月 27 日的中央网络安全和信息化领导小组第一次会议上指出："做好网上舆论工作是一项长期任务，要创新改进网上宣传，运用网络传播规律，弘扬主旋律，激发正能量，大力培育和践行社会主义核心价值观，把握好网上舆论引导的时、度、效，使网络空间清朗起来。"为加强学生对理论知识的运用，努力培养全方位人才，信仰青年说宣讲团开展网络评论大赛，旨在培养新时代网络思想政治教育人才，培养网络意见领袖，在网络舆论中弘扬正能量，为加强学校网络思想政治工作注入新的活力。通过月赛、初赛及决赛，逐次遴选人才，从中筛选优秀作品，由专门的专家教师进行指导，最终将所有优秀作品汇编成册出版。截至目前，网络评论大赛在多方的帮助与支持下已成功举办了七届，收到参赛稿件1000 余篇，评出月度优秀稿件200 余篇，发表于《海南日报》等省市级报刊的作品累计100 余篇。宣讲团成员荣获 2020 年海南首届"e 海瑞评"网评大赛一等奖。

3）品牌活动 3：红色讲堂

青少年阶段是人生的"拔节孕穗期"，最需要精心引导和栽培。党的二十大报告提出，要推进大中小学思想政治教育一体化建设。为此，信仰青年说宣讲团进入海南大学党团支部、海口市秀峰实验学校、永兴中学、向群小学等大中小学，按照不同学段的学生身心特点和成长发展规律，围绕爱国主义、党史教育、琼崖革命等主题开展宣讲活动达百余场，引导青年学生把时代发展与个人成长体验结合起来，在国家发展和事业推进中找到自己成长的历史坐标，感悟自己的历史责任。

3. 强化"四个支撑"，筑牢宣讲基础

1）打造一支骨干宣讲队伍

宣讲团以海南大学全体学生为招募对象，并主动网罗人才，积极吸纳马克思主义学院思想政治教育等专业的优秀学生进入宣讲团队，凡是热爱宣讲或有理论基础、宣讲能力的学生都可报名参与遴选。给入选宣讲团的成员颁发正式聘书、定制统一服装，旨在打造一支台风稳健、表达得体、经验丰富的宣讲团队。团队在建设与发展过程中，通过"以老带新"模式，由高年级学生带领低年级新生进行宣讲仪态、口才等基本功的常规化操练，夯实宣讲功底。

2）建立一个专业导师库

宣讲团通过"教团结合"的模式，建立导师资源库。从专业思政教师中选拔出经验丰富的导师，定期对宣讲团成员进行理论培训、宣讲技巧培训、文字撰写技能培训等专业指导，并制定了一系列管理、培训、考核、激励、表彰等制度，通过合作竞争的模式促进宣讲团工作有效开展。以培养政治过硬、技能突出、素质优良的宣讲能手为核心目标，竭力提升整个宣讲队伍的专业素养与能力。

3）打磨一批精品宣讲案例

宣讲团自成立以来，围绕红色教育、发展成就、青春奉献、民族团结等主题，精心撰写、反复打磨宣讲文稿，并在一次次实践操练过程中不断改进、完善内容，形成更符合大众口味的作品。理论

宣讲既要提高站位，还要实现普及。截至 2023 年 10 月，围绕相关主题，宣讲团已拥有较为完善的宣讲文稿 20 余篇。

4）形成一个"立体化"理论宣讲矩阵

宣讲团的成员们在课业之余，深入海南大学党团支部、中小学、社区、乡村、企业等地，将理论宣讲搬到青年学习、群众生产生活的现场，构建"立体化"基层理论宣讲矩阵，努力让党的创新理论"飞入寻常百姓家"，把政府的各项惠民政策、社会的发展成就、民族的团结进步、身边的先锋模范等内容传递给更多的人。

4. 推行"五种形式"，拓宽宣讲渠道

信仰青年说宣讲团面向海南大学全体在校大学生、海南省部分县市区社区或乡镇居民。宣讲活动覆盖校内外，包括乡村、社区、企业、学校、机关等基层单位，力争做到全覆盖。同时坚持按期开展与全面覆盖相结合的原则，根据形势与任务的要求和广大干部群众的需求，采取专题式、讲座式、服务式、点题式、表演式等多种形式开展宣讲活动，以达到传递"正能量"、构建和谐社会的目的。

1）"专题式"回应热度

抓好党的二十大精神宣传宣讲、贯彻落实是宣讲团的重要方向和目标。信仰青年说宣讲团聚焦百姓需求，注重宣讲的热度、温度、深度，分层次、分群体开展专题宣讲，真正让百姓听得懂、能落实，不断激发宣讲员宣讲热情，推动党的二十大精神在社会落地生根、开花结果。同时宣讲主题和内容的设计来自现实、来自学生，能够巧妙地将理论蕴含于各个专题中，力求将有意义讲得有意思，引发学生的情感共鸣。

2）"讲座式"反应深度

理论宣讲是推动习近平新时代中国特色社会主义思想走深走心走实的重要途径。信仰青年说宣讲团一是坚持内容求"实"，把发人深省的大道理融入鲜活的小故事，持续推进党的二十大精神进一步落地生根；二是坚持方式求"新"，在精准把握宣讲对象的同时发挥宣讲价值；三是坚持语言求"变"，只有坚持用百姓话说百姓事，用

生动的方言俚语拉近距离，用鲜活的故事传播思想，用通俗的语言讲清道理，群众才能"听得进、记得牢、用得上"。

3)"服务式"体现温度

信仰青年说宣讲团坚持以人民为中心开展宣讲，用群众喜闻乐见的形式、百姓喜听爱听的语言让宣讲更具温度。结合群众的工作和生活，将宣讲场所搬到田间地头、街头巷尾、城市广场上，灵活运用多种宣讲方式，乃至送"讲"上门等形式，对基层干部、群众进行宣讲。例如，与龙华区相关部门合作在海口市火车站以游戏、传单、展板等形式开展习近平法治思想宣传，真正做到宣讲来源于现实，为了群众。

4)"点题式"引发高度

信仰青年说宣讲团改变传统宣讲的单向要求，以"点题式"宣讲方式，真正把宣讲的主动权交给被宣讲单位，通过与各单位部门的互动使各单位更有效地结合工作实际，增强宣讲的针对性和有效性。例如，应机电工程学院团委的邀请，结合五四青年节开展了"百年风雨震荡，前路携手启航"宣讲会，带领同学们回顾百余年前的五四运动，号召他们热爱伟大的祖国、勇担时代责任、踔厉奋发向未来，以青春的蓬勃力量勇担历史使命，践行和发扬五四精神。

5)"表演式"彰显活力

信仰青年说宣讲团坚持将宣讲内容以表演的形式进行传播，通过"宣讲＋文艺"等生动活泼、喜闻乐见的形式开展宣讲，增强宣讲的感染力和吸引力。在庆祝中国共产党成立100周年之际，信仰青年说宣讲团自主编排的情景式朗诵在建党百年主题晚会上演出，力求将党的百年奋斗历程讲清楚、讲明白、讲形象、讲生动。

(五)团队、资源条件、风险评估

1. 团队

信仰青年说宣讲团项目拥有稳定的导师团队，团队由经验丰富的辅导员及专业思政课教师组成，成员们在科研及思政项目建设方面经验丰富。团队成员主持过国家社科基金项目、海南省社科基金项目、海南省思想政治工作中青年骨干队伍建设项目等课题；担任过团中央党的二十大精神宣讲团成员、海南省青年讲师团成员；还曾荣获全国高校青年教师教学竞赛一等奖、全国高校思想政治理论课教学展示一等奖等荣誉。此外，所有宣讲团成员均为责任心强、理论基础扎实的青年大学生，且都接受过系统的理论培训。

2. 资源条件

目前宣讲团已经建立多个基地，包括社区、公园以及校园内，为活动顺利开展提供保障；同时，这些基地贴近基层，有利于达成活动效果。

团队已开展了丰富多彩的活动，积累了较为丰富的经验，为后续活动设计、项目组织提供了参考依据。

3. 风险评估及应对

团队开展实践活动中可能面临以下两个方面的风险。一是理论风险。理论宣讲失当，不仅影响传播效果，而且有引起舆情的风险。通过导师团审核指导、宣讲团成员教育培训等手段，能够有效降低理论风险。二是安全风险。团队外出可能涉及交通、人身安全等风险。通过安全教育、购买保险、结伴对接等措施，可降低安全风险。

(六)特色及成效

1. 传播理论思想

信仰青年说宣讲团就"四史"和习近平新时代中国特色社会主义思想等多个主题开展理论宣讲，打磨宣讲稿20余篇，录制思政微视频20余个，累计开展校内外宣讲活动达百余场，覆盖人数近万人。团队积极参与暑期"三下乡"社会实践活动，两次被确定为省级重点团队；团队荣获海南省"优秀社区实践团队""优秀社区实践项目"，海南大学"优秀实践团队"称号；十余人荣获"学生积极分子"称号。

2. 提升青年能力

信仰青年说宣讲团现已培养200余位优秀青年宣讲员，其中有多位团省委、省学联"青马工程"宣讲员。团队成员曾荣获全国高校大学生讲思政课公开课展示活动二等奖、三等奖和优秀奖，海南省网络评论大赛一等奖。信仰青年说宣讲团联合清华大学博士生讲师团开展"这十年·青年讲"主题宣讲活动，深入学习宣讲习近平总书记系列重要讲话精神。宣讲成员荣获"这十年·青年讲"全国高校宣讲联赛华南赛区三等奖；应邀参加"千马廿行"全国高校马克思主义学院青年学子联学联讲党的二十大精神系列活动总结表彰会，荣获全国优秀奖等奖项。团队成员曾多次作为学生代表参与省、市和清华大学等高校的理论宣讲培训活动。

3. 产生良好社会影响

信仰青年说宣讲团的宣讲事迹已获《海南日报》、"学习强国"、海南电视台、中青校园、腾讯平台、网易新闻、今日头条等媒体报道。与秀英区委宣传部、区文明办、团区委、区志愿服务联合会联合举办的"小英带你学党史"青年党史宣讲系列活动引起广泛关注，获《海南日报》和秀英区多次报道；多名成员还受到"学习强国"、海南电视台等主流媒体的报道。

(七)推广计划

1. 以加强队伍建设为核心

建好用好"一核双向多维"模式，建设政治坚定、思想向上、态度积极、团结凝聚的宣讲队伍至关重要。一是优选先进学生组成队伍，既广泛吸纳思想积极、主动参加的学生，又积极动员思想先进、综合能力较强的学生干部、学生党员。二是注重队伍日常建设，经常开展学习研究与队伍建设活动，定期与学生交流思想，在深化认识的同时加强对学生思想动态的了解，发现问题及时纠偏。三是安排好队伍内部组织，以"宣讲小组"形式开展工作与活动，实现组内协作、组际配合、组间比超，调动学生的参与积极性。四是定期开展总结表彰，选拔优秀学生前往中国国家博物馆等地参观专题展览，加深对"四史"、民族精神等内涵的认识理解。

2. 以开展学习研究为抓手

政治性、先进性是宣讲队伍的首要特征，确保学生时刻保持政治正确、思想先进，需要经常开展教育引导活动。一是利用"双周会"的形式，每两周举行一次学习研究活动，将读书会、观影会、研讨会等各类形式穿插进行，明确主题，围绕时事开展学习交流，深化认识、凝聚人心。二是借助社会实践、志愿活动等形式，鼓励团队成员走进社区、农村，在与群众交流和典型调研的过程中，验证学研内容、加深自身理解，使认识更加贴近实际、贴近群众。三是优化专业导师库，定期对宣讲团进行理论培训、宣讲技巧培训、文字撰写技能培训等专业指导。

3. 以进行宣讲引领为目标

信仰青年说宣讲团以深入学习习近平总书记系列重要讲话精神，加强高校意识形态阵地建设，探索高校人才培养新模式、新渠道为中心任务，将提升成员的思想认识和宣讲水平作为培养目标。一是明确以理论宣讲为主要宣讲内容，引导团队成员从想讲、敢讲向能讲、会讲转变，探索多样化的宣讲引导方式，用学生喜闻乐见的形式影响和引导宣讲受众深化理解、提高认识。二是多维互通，发挥网络优势，营造理论学习"沉浸式"氛围。除了开展线下常规宣讲活动外，抓牢网络新媒体这个途径和渠道，结合所讲内容制作主题微信推送、录制理论宣讲微视频、开展线上宣讲，打破宣讲引导活动的时空限制。三是将各类活动与校园文化建设相结合，主动将自身活动融入校园文化建设整体框架中，依靠自身的政治性、主流性，为校园文化建设发挥积极作用。

二、以案解题——如何实现项目的育人价值升华?

(一)知识拓展方面

在知识拓展方面,本项目通过三个品牌活动(大学生讲思政课、网络评论大赛、红色讲堂)显著推动了习近平新时代中国特色社会主义思想的深入学习和传播,为学生们提供了丰富而深刻的学习体验和实践机会。

第一,大学生讲思政课活动在推动理论知识传播方面展示了独特价值。团队成员自主制作和录制思政课程视频,不仅有助于自身对习近平新时代中国特色社会主义思想的深入理解,还将这些理论知识传播到更广泛的学生群体中。这种参与式学习不仅提升了学生的学术能力和表达能力,而且在跨学科整合和实际操作中培养了他们的多方面技能。

第二,网络评论大赛作为另一重要品牌活动,不仅在理论知识运用能力的培养方面起到了关键作用,还通过讨论作品的出版和发表,有效提升了社会影响力。参赛学生通过撰写评论稿件,不仅深入探讨了社会热点和时事问题,还通过专家评审和公众投票的方式,将其见解和观点传播到更广泛的社会群体中。这种经历不仅培养了学生的批判性思维和写作能力,还增强了他们的社会责任感和公共参与意识。

第三,红色讲堂项目在大中小学校园中开展的爱国主义和党史教育宣讲活动,为青少年学生树立正确的历史观和国家观提供了重要的精神指导。通过宣讲团的深入讲解和互动交流,学生们不仅加深了对中国共产党历史和革命精神的了解,还在参与讨论和展示活动中进一步拓展了历史知识和跨学科理解能力。这些活动不仅弥补了课堂教育的不足,还通过情感共鸣和亲身体验,深化了学生对祖国历史和民族精神的认同感和自豪感。

总体而言，这三个品牌活动不仅在学生知识拓展方面取得了显著成果，更在能力提升和价值观养成方面发挥了重要作用。通过全面推动习近平新时代中国特色社会主义思想的深入学习和传播，团队为培养德智体美劳全面发展的社会主义建设者和接班人作出了积极贡献。这些实践探索不仅为新时代高校思政课改革创新提供了宝贵的经验，也为未来的教育教学模式和学生发展路径指明了方向。

(二)能力提升方面

在能力提升方面，"红色讲堂"对学生的影响尤为突出。

第一，通过实际宣讲，学生的语言表达能力和演讲技巧得到了显著提升。在准备宣讲的过程中，学生需要反复练习，掌握如何在有限的时间内清晰、有条理地传达信息。这不仅提高了他们的普通话水平和语音语调的控制能力，还增强了他们面对不同场合时的临场应变能力和自信心。

第二，活动需要学生进行大量的资料查阅和内容整理，这一过程锻炼了他们的信息获取能力和资料整理能力。在准备每一次讲座前，学生们必须深入研究相关历史事件、人物事迹以及时代背景等内容。他们学会了如何利用各种图书馆资源、网络数据库和其他信息渠道来获取所需的资料，并且能够在海量信息中筛选出关键内容进行整理和分析。这种能力不仅在学术研究中非常重要，在未来的职业生涯中也同样适用。

第三，面对不同年龄段的宣讲对象，宣讲团成员需要调整讲授方式，这培养了他们的教学能力和适应能力。对于小学生，团队成员可能需要以更加生动有趣的方式进行讲解，而面对高中生或大学生，则需要更加严谨和深入的内容。这种因材施教的方法，不仅使团队成员在教育和培训方面积累了宝贵的经验，也让他们学会了如何关注受众的需求和反馈，从而不断改进自己的讲授方式。

第四，通过频繁的校内外互动，学生的组织协调能力和社会实践能力也得到了极大的提高。"红色讲堂"不仅限于校内活动，还包括走访社区、企业和其他教育机构等多种形式的社会实践活动。在这些过程中，团队成员需要分工合作，从活动策划、人员安排到现场管理和后勤支持，每一个环节都需要周密的计划和高效的执行。这让他们深刻理解了团队合作的重要性，同时也培养了他们的领导力和责任感。

"红色讲堂"在能力提升方面对学生的影响是多层次、多角度的。它不仅帮助学生们提升了语言表达、资料整理、教学适应、组织协调等具体技能，还通过实际的社会实践活动培养了他们的综合素质和社会责任感。这些能力和素质的提升，将为他们今后的学习和工作打下坚实的基础，使他们更好地适应快速变化的社会环境，成为具有竞争力和影响力的社会栋梁。

（三）价值养成方面

"红色讲堂"在价值养成方面的作用不容忽视。通过深入学习和宣讲党的历史和革命精神，学生们强化了爱国主义情怀和民族认同感，树立了正确的历史观和价值观。此外，活动中强调把时代的发展和个人的成长体验结合起来，引导青年学生在国家发展和事业推进中找到自己的历史坐标，感悟自己的历史责任，培养了他们的社会责任感和使命感。通过这样的宣讲活动，学生们不仅在理论上得到了提升，而且在情感上产生了深刻的共鸣和认同。

第一，通过系统地学习和宣讲中国共产党的历史和革命精神，学生们对国家的了解更加深入，对党和国家的奋斗历程有了更全面的认识。这种深入的学习不仅仅是知识层面的积累，更是心灵上的洗礼。学生们通过了解革命先烈的英勇事迹、党的伟大成就以及国家的发展历程，逐渐形成了深厚的爱国主义情怀。他们认识到今天的美好生活来之不易，是无数先烈用鲜血和生命换来的，从而增强了对国家和民族的认同感和自豪感。

第二，"红色讲堂"通过多种形式的宣讲活动，帮助学生树立了正确的历史观和价值观。在宣讲过程中，学生们需要将复杂的历史事件和革命精神通俗易懂地传达给听众，这要求他们对历史事实有深刻的理解和准确的把握。在这个过程中，他们逐渐学会了用辩证的眼光看待历史事件，理解历史发展的规律和时代变迁的必然性，从而形成科学的历史观。同时，通过对革命精神的深刻领会，他们学会了如何在新时代传承和发扬这种精神，从而树立了正确的人生观和价值观。

此外，"红色讲堂"强调将时代的发展与个人的成长体验结合起来，引导青年学生在国家发展和事业推进中找到自己的历史坐标。通过参与宣讲活动，学生们不断思考自己在新时代中的角色和责任。他们认识到，新一代青年肩负着实现中华民族伟大复兴的历史使命，需要努力学习知识、锻炼本领，为国家的发展贡献自己的力量。这种历史使命感和责任感，让他们在面对挑战时更加坚定自信，在追求梦想时更加执着努力。

每一次宣讲都是一次心灵的洗礼，每一次聆听都是一次精神的升华。学生们在宣讲过程中，不仅仅是知识的传播者，也是精神的接受者和传承者。他们在宣讲中感受到革命先烈的崇高信仰和无私奉献，在互动中体会到传承红色基因的重要性，从而激发出更强烈的使命感和责任感。

与此同时，"红色讲堂"还通过一系列的实践活动，引导学生在实际行动中践行革命精神和社会责任。学生们在参与"红色讲堂"的过程中，不仅在课堂上学习和宣讲，还要走出校园，深入社区、企业和基层，进行实地调研和社会服务。在这些实践活动中，他们以实际行动弘扬革命精神，关心社会问题，积极参与公益事业，展现了新时代青年的风貌。在这个过程中，他们深刻认识到，弘扬革命精神不仅仅是口号，更需要付诸实际行动，真正做到知行合一。

三、拓展练习

假设你准备组队开展暑假社会实践活动，请系统梳理活动过程的收获和体会，感受其中的价值和意义。

◇ **解题导引**

系统梳理暑假社会实践活动的收获与体会，可通过撰写成就故事的形式，深入挖掘实践价值。以下是成就故事的基本格式和写作步骤。

1. 引入/背景

介绍背景信息，说明你所面对的挑战、任务或目标，以及为什么这个成就对你来说是重要的。

2. 行动/方法

描述你采取了什么具体的行动来应对挑战或实现目标。详细说明你选择的策略、解决问题的方法和你所做的具体工作。这部分可以展示你的决策能力、创造力或团队合作精神。

3. 困难/挑战

指出在实现目标过程中遇到的主要挑战或障碍。说明你面对的困难有多大，如何克服这些困难，以及你从中学到了什么。这部分展示了你的韧性、问题解决能力和应对压力的能力。

4. 成果/结果

描述你最终取得的成果或达到的结果。这可以是项目的成功实施、达到的目标指标、获得的奖项或荣誉，或者对团队或组织的积极影响。确保清晰地说明你的工作如何产生实际的影响和价值。

5. 总结/反思

总结你从这次经历中学到的关键教训和洞见。这可以是关于你自己的能力、兴趣的发现，或者关于如何改进未来类似挑战的建议。这部分显示你的成长和自我反省能力。通过反思也能够实现价值的升华。

更多参考建议，可扫描本书封底二维码，访问配套电子资源平台。

附　录

附录 A　部分活动掠影

注：信仰青年说宣讲团成员正在宣讲党的百年辉煌历程。该活动得到《人民日报》关注，并以《搭"平台"上"讲台" 青年讲给青年听》为题对活动进行了专题报道。

注：信仰青年说宣讲团参与承办网络评论大赛，旨在培养新时代网络思想政治教育人才，培养网络意见领袖，在网络舆论中弘扬正能量，为加强学校网络思想政治工作注入新的活力。通过月赛、初赛及决赛，逐次遴选人才，从中筛选优秀作品，由专家进行指导，最终将所有优秀作品汇编成册出版。

注：信仰青年说宣讲团成员在冯白驹故居做了以"弘扬五四精神，争做新时代青年"为题的宣讲。新时代中国青年要继承和发扬五四精神，坚定理想信念，练就过硬本领、投身强国伟业，始终保持艰苦奋斗的前进姿态，同亿万人民一起在实现中华民族伟大复兴的中国梦中奋勇前行。冯白驹故居是海南省的红色地标，是新时代青年学习和传承红色精神的重要场所。

注："百村百项"自贸港建设成就观察实践团的队员进入社区街头巷尾进行宣讲。他们寻访不同背景的居民代表，向他们介绍海南自贸港政策的重要意义及取得的显著成就。宣讲后，团队发起了"自贸港接龙点赞"活动。居民们表达了对自贸港建设的信心和期待，并纷纷为自贸港建设点赞助力。各界群众的热情点赞，将为自贸港的发展凝聚团结力量。活动得到《海南日报》关注。

注："百村百项"自贸港建设成就观察实践团进入乡村开展科普宣讲服务活动。

　　注：大学生创新创业训练营开展辅导沙龙活动，辅导老师围绕以往优秀项目进行了介绍，分享了创新创业的经验和心得，为学生提供了宝贵的建议。在互动交流中，学生们积极参与讨论，向参加活动的老师请教相关问题，并分享自己的创新创业想法和项目。

　　注：大学生创新创业训练营组织开展企业实践日活动，参与队员们走进海南数据产品超市，了解行业发展情况，探访企业工作环境。他们在数据产品超市进行自由参观并亲自动手操作，实现与数据产品零距离接触。

注：行走的环保课堂实践团队组织开展"美丽中国 禁塑海南"主题公益服务活动。团队成员利用暑期时间，深入海口市南联、万福、盐灶等多个社区及新坡镇、三江村，通过开展调研、宣讲和互动游戏等形式组织禁塑主题公益活动，队员们用自己的行动为自贸港的绿色发展贡献着青春力量。

注：行走的环保课堂实践团队组织开展环保实验课活动现场。团队成员向参与者展示了一系列生动的环保实验。这些实验将复杂的环保知识以通俗易懂的方式呈现，让环保知识不再遥不可及。

注：智图数字安全服务队成员走入社区开展数字化科普活动，点燃广大群众特别是青少年的科学热情，提升广大群众的科学素养。

注：智图数字安全服务队成员走入社区开展网络安全宣讲，提升群众的网络安全意识和反诈能力。

注：阳光工作营团队成员走入社区，开展麻风病相关知识宣讲，讲授麻风病的识别、预防等知识，呼吁大家科学对待麻风病，关心关爱麻风患者。

注：阳光工作营团队成员长期对接服务麻风患者集中的村庄。他们通过帮助村民修补屋顶、开展家教服务、进行疾病咨询等活动，向隔离在偏远地方的麻风病康复者传递温暖，用实际行动倡导社会和谐，消除歧视。

注："五点半"社区课堂实践团队成员走入社区，以小实验形式开展科普宣讲活动。

注："五点半"社区课堂实践团队成员走入社区开展青年讲堂活动，通过插花技艺的讲解与实践，帮助青年提升艺术修养，感受生活之美。

注：移动的美育课堂项目团队组织开展"我们这一代"音乐剧进社区展演活动。该音乐剧以海南建省办经济特区 30 周年为主线，以热带作物中的橡胶事业为切入点，讲述了一代又一代海南大学师生为新中国建设、改革开放和海南建省办经济特区奉献的动人故事，也彰显了海南人民对建设自由贸易试验区和中国特色自由贸易港的信心与决心。

附录 B　部分参与者的实践体悟

B.1　参与工作营的日子

星期天，我报名参加了阳光工作营的实践活动。团队一大早就约好带着准备给福利院孩子们的物品，乘坐公交车出发了。

陈院长已经在福利院门口等着我们了。我们跟着她穿过正院，拎着大包小包，来到后院的食堂，那里大概有三张长桌子，是孩子们吃饭的地方。团队来得正是时候，孩子们刚好吃完早餐，看到我们进来兴奋地跑过来。其中有几个孩子认识我，叫着"姐姐，姐姐……"队员们把给他们的包裹一一打开，保证每个人都有分到的东西。

有的女孩子对分到的裙子爱不释手，拿到身前反复比划；有的男孩子对我们带来的彩笔画板非常感兴趣，迫不及待地在画板上开始涂鸦；还有的孩子对我们买的遥控玩具车非常感兴趣，但是又不知道怎么用，急切地询问我，我边跟他解释边操作，看到小车跑动后，他兴奋得又蹦又跳，大喊"跑啦跑啦"！

看到他们一个个开心的笑脸，我和小曼也非常地高兴和欣慰。这些孩子有的因先天性缺陷被父母抛弃，有的因为父母去世被送进了福利院，还有的是因为父母离异无人抚养被送到了这里……令我印象比较深刻的是兰兰，她全身的毛发都是金色的。我第一次见她时还以为是外国小女孩，但是仔细看看又觉得不像，为此我还专门询问了陈院长。陈院长告诉我，兰兰生下来就患有白化病，而像兰兰这样患有先天性疾病的孩子还不少。

我每次来都会重点关注那些跟正常孩子相比有先天缺陷的孩子，因为他们比其他孩子更为不幸，他们不仅缺乏父母的关爱，也无法拥有一个健康的身体。我特意走到了兰兰身边，她正在比划我们给她带来的裙子，看到我过来她兴奋地扑到我怀里。小姑娘个子长高了不少，但是爱黏人的特点还一直没变。我笑着问她："喜不喜欢姐姐送你的裙子呀？""嗯嗯。"她边兴奋地点头边回答。"喜欢就好，下次姐姐再给你带漂亮的衣服。"说着摸了摸她的头。我坐在椅子上，她坐在我腿上，我问了一些她最近的生活情况，然后她就自己去玩了。

　　我又注意到了腿部有些残疾的聪聪，之前他就喜欢一个人坐在角落，看着其他孩子追赶打闹，眼里全是羡慕，此时他也正一个人坐在角落里。我走过去，看到他正在用彩笔在画板上画画。我问他："你在画什么呀？"他没抬头，边画边回答："树。"我看他画得实在不像一棵树，"让姐姐帮你画一棵树好不好呀？"他抬起头，用有些怀疑的眼光看着我："你会画吗？""先让姐姐试一试呗。"说着我就拿了根绿色的笔几下就画完了。"怎么样？姐姐没骗你吧。"他激动地看看画又看看我，"姐姐，你好厉害啊！能不能教教我？""当然可以啦！"我扶住他的手，在画板上边移动边跟他解释："先画一个长条，这是树干，再……"画完后，他激动地拍拍手，喜悦溢于言表。

　　之后我和小曼陪了孩子们一天，跟他们聊天，做游戏，还给他们讲故事，教他们唱歌……。到了傍晚六点左右，我们不得不回去了，跟孩子们依依不舍地告别。有孩子问道："姐姐，你们还会来吗？"我笑着说："当然啊，我们一定还会来看你们的，你们要听院长阿姨的话，知道吗？"孩子们乖巧地点点头。在孩子们的目送和声声再见中我们离开了阳光福利院，准备搭回程的公交车。我和小曼都有些疲惫了，但是都感到格外地开心和满足。

　　经过这次去福利院看望孩子们的实践经历，我思考了很多。一方面，我深切地感受到孩子们需要更多来自社会的关爱。这些生活在福利院的儿童由于没有父母的陪伴，他们渴望关爱、需要陪伴。希望社会能给这些特殊儿童更多关心和关注，让他们体会到来自社会的关爱，让他们感受世界的美好。另一方面，跟他们相比，我们真的是太幸运了，既有来自父母亲人无微不至的关爱，还拥有健康健全的身体。所以现在每当遇到困难或是不开心的事，对自己没信心或对生活厌烦的时候，我都会在心中提醒自己："你已经非常幸运了。你拥有了那么多东西，还有什么不满足的。你要继续坚持朝着目标前进，不能因为一些困难就一蹶不振，要对得起你拥有的一切！"我们不能辜负父母的养育之恩和所有付出，不能辜负国家和社会的培养，要做一个对社会和国家有用的好青年。

（机电工程学院　郑同学）

B. 2　社区里的成长课

以前总觉得社会实践就是盖个章的事，直到作为移动的环保课堂志愿者在万福社区待了半个月，我才明白什么叫生活比课本复杂。这十几天，我从一个只会空谈理论的大学生，变成了能跟大爷大妈唠家常的社区小帮手，收获的不仅是晒黑的脸，还有满满当当的人生经验。

1. 第一天就给我上了一课

抱着"改造社区"的雄心壮志，我带着连夜做的垃圾分类 PPT 走进社区，结果刚摆好投影仪，就被泼了盆冷水。王阿姨拎着混装的垃圾袋，看都没看智能回收箱，直接扔进普通桶。"阿姨，厨余垃圾要分开呀！"我赶紧提醒。"闺女，我这急着送孙子上学呢，手机扫码太麻烦！"她摆摆手走了。我才发现，原来居民楼不是教室，大家不会按 PPT 的流程走。

下午清理小广告更崩溃，那些"通下水道"的贴纸像狗皮膏药，铲得我胳膊都酸了。社区张姐看我狼狈，递来瓶水说："这活儿得用热水先敷。"果然，浇了热水的广告纸一撕就掉。这让我想起爷爷常说的话："干活要用巧劲，不能光使蛮力。"

2. 和居民打交道的门道

为了推进垃圾分类，我和社区工作人员想了个"笨办法"——每天早晚蹲在垃圾桶旁边现场教学。头两天我嗓子都喊哑了，效果却不理想。直到遇见遛狗的刘叔，事情才有了转机。我发现他总把狗粪便装进外卖袋再扔，赶紧夸他："您这已经是垃圾分类了！"没想到这随口夸奖，让刘叔成了"义务宣传员"，逢人就讲分类窍门。

还有个意外收获是认识了开小卖部的周哥。他家门口总堆着纸箱，我们帮他整理后设置了临时回收点，现在不仅楼道整洁了，周哥还主动帮我们收废旧电池。这事让我悟到：想让人配合工作，得先帮人解决问题。

3. 暴雨中的温暖

那天突降暴雨，我和维修工老李蹚水去地下室抢救物资。忙完后，80岁的陈奶奶非要给我们煮姜汤，颤巍巍端来时还说："你们比我孙子还小呢，别冻着了。"那碗辣喉咙的姜汤，让我突然鼻子发酸——原来做好事不光是自己帮别人，也会被别人温暖着。

最惊喜的是朵朵的变化。这个总躲在妈妈身后的小女孩，有次悄悄把路上的饮料瓶扔进回收箱。她妈妈说，自从参加了我们办的"环保小卫士"活动，朵朵变得爱说话了。看着小姑娘别上自制徽章时的笑脸，我忽然觉得，那些扫楼发传单的辛苦都值了。

4. 告别时的礼物

最后一天，社区给我们开了欢送会。没想到平时总嫌我们"管太宽"的赵大爷，竟然用手机做了个电子相册，里面全是我们干活时的"丑照"：有我被垃圾袋绊倒的糗样，有蹲在路边啃包子的模样……。他得意地说："这是我孙子教的美图秀秀！"

最让我感动的是收到一本"问题手册"。居民们把没解决的烦心事都写了下来：3号楼李婶想给流浪猫搭窝，快递小哥希望有个歇脚点，开餐馆的杨叔愁厨余垃圾清运……。社区居委会主任拍拍我肩膀说："带着这些回学校琢磨吧，咱们一起慢慢来。"

回学校的路上，摸着兜里刘叔塞的薄荷糖，我想起入职第一天铲小广告的狼狈样。现在的我依然不懂什么高深理论，但至少知道了——想让社区变好，不是做个完美方案，而是弯下腰，从清理一个烟头、倾听一句抱怨开始。

（马克思主义学院　贾同学）

B.3 工匠精神有感

这次我作为一名公益课堂的老师，参与了社会实践。通过这次实践我学会了很多，也成长了许多，增强了岗位意识。作为一名大学生，毕业后走向社会，走向工作岗位，要干一行，爱一行，专一行，这是一种岗位职责，是一种职业品质。在假期的实践中，我转换了身份，在之前的十几年人生中，我一直都是一个学生、一个后辈的角色，所以很少能够体会到作为老师的感受，抑或是他们身上所承担的责任。通过一个假期的锻炼，我似乎有了新的体会，老师的每一句鼓励、每一句批评都不仅仅是自身情绪的简单体现，而是经过慎重考虑才说出的，因为我也深知我所说的每一句话都会对学生有很重要的影响。

当今社会弘扬工匠精神，我认为教师也算是工匠的一种，他们是塑造人的工匠。教师不仅仅是简单地传道授业解惑，而是要立德树人。

这次实践活动还转变了我的观念。平日里，我生活在老师、家长的庇护下，有很多事情是我没有经历过的、没有参与过的。假期的社会实践活动让我有了许多第一次的经历：第一次以老师的身份走进课堂；第一次尝试写一份教案；第一次走出自己的舒适圈去面对一张张陌生的面孔；第一次一起策划一堂课程的内容，第一次一起写奖状。这些都将成为我人生路上一份宝贵的财富。

不得不说这次实践非常成功，我的活动目的都达到了，我学会了很多，孩子们也学会了很多知识。在活动开始之前，我的心中对这次实践活动或向往，或期待，或紧张，或激动，或忐忑。准备充分后，我踏上讲堂，与学生们进行亲密交流，成功地完成了一堂又一堂生动而有趣的课。对学生们而言，这个暑假，他们学到了丰富有趣的课外知识，如垃圾分类、传统节日习俗、折纸、简单的急救知识等，这些知识对他们的成长和视野拓展都有很大帮助；对我而言，我也在这次社会实践活动中学到了很多，也成长了许多，比如上课如何活跃气氛，如何维护课堂秩序，如何和学生们更好地打交道，这些将永远成为我人生中收获颇多的一次经历。与此同时，我还在活动中体会到了作为一名老师身上的责任感与使命感。这次令人难忘的珍贵回忆，将被我珍藏在心！

（土木建筑学院　孟同学）

B. 4　当老师的最初体验

社会实践活动，我选择到社区去，做一名公益老师。

我第一次体验当老师，不敢有丝毫懈怠，因为教书不是儿戏，是给孩子们播下一颗知识的种子，它会发芽、会生长，只有老师教得好，孩子的未来才能走得更远。所以我每天上完课，都会检查学生的作业，看他们掌握知识的情况，然后再备课，看看第二天的课程应该怎么讲，学生才能更好地吸收。

我发现当老师不是一件轻松的事，我一天上八节课，从早上就开始上课，一直到傍晚。第一天的时候，由于一直在给学生讲课，到了傍晚下课才发现，我的嗓子很疼，咽口水都难受。好在有一个老师知道我第一次当老师，肯定没经验，所以他带了润喉糖，分了我一颗，我吃了后才觉得没那么疼了。此后，我学会了保护好自己的嗓子，只有嗓子好，才能给学生上课，身体就是革命的本钱呀。

第一次当老师，有学生喊我老师，感觉挺不错的，但顿时也觉得肩上的责任沉甸甸的。我感觉我不能辜负学生们对我的信任，上课要给他们讲得明明白白的。

让我记忆深刻的有一个小女孩，开学读五年级，她对待学习的态度非常认真。每一次我来上课，都能很快在班级里发现她，因为她每次上课都坐得笔直，给人一种鹤立鸡群的感觉。她不仅坐姿笔直，上课也听讲认真，作业完成的质量很高，所以团队几个老师都非常喜欢她。经过一段时间的接触，我们发现这个小女孩的家庭情况并不是很好，她的爸爸妈妈都出去打工了，她和爷爷奶奶、一个叔叔生活在一起。爷爷奶奶都年纪大了，基本干不了什么活，都是叔叔在照顾她和爷爷奶奶。平常她会帮忙干活，照顾爷爷奶奶，每天除了干活就是学习，完成老师布置的作业，很少有时间和小朋友出去玩。她是一个非常懂事的学生。这给了我很大的动力去努力上好课，尽可能地教他们更多知识，让他们通过读书获取知识去改变自己甚至是一个家庭的命运。

我在这次暑假实践里，接触社会，了解社会，从社会实践中检验自我。这次的社会实践收获不少，其中有下面三点认识：

1. 在社会上要善于与别人沟通。以前，我与别人对话时经常不会应变，谈话时有冷场，陷入尴尬。经过一段时间的支教，我认识了更多的人，学会了如何与别人沟通。

2. 在社会中要自信。自信不是盲目自夸，而是对自己的能力给予肯定。在多次的讲课中，我明白了自信的重要性。你没有社会工作经验没有关系，重要的是你的能力不比别人差。社会工作经验也是积累出来的，没有第一次又何来第二、第三次呢？有了自信，人更有活力、更有精神。

3. 青年人要勇于承担使命与责任。实践过后更能体会使命的价值，口号变成行动，让社会发生改变，这可能就是人生的意义吧。作为青年一代，伴随着祖国的发展，我们不仅是见证者，更是参与者，我们没有理由做旁观者，只有奉献的心是不够的，更要有实践的能力，在工作中不断丰富知识。知识犹如人体血液，人缺少了血液，身体就会衰弱，人缺少了知识，头脑就要枯竭。我将充分利用在学校的日子，好好学习专业知识，为将来更好地服务社会奠定基础。

（食品学院　黄同学）

B. 5　关爱行动后的思想触动

作为关爱实践行动中的一员，我来到一个村庄。这里很是热闹，我感到一丝丝暖流在心中涌动，顿时没那么担心了。我先去帮两位老奶奶打扫房间。我来到房间时，一位老人赶忙从床上坐起来，要给我拿水果和糖吃。她握着我的手，不愿接受我的推辞，那双手并不是我想象中的那般粗糙，而是温暖有力，透着这位八十多岁高龄老人的生命力。其实老人的房间干净整洁，并无太多需要打扫的地方，她们一直保持着节俭的习惯。与老人在一起的这一天中，做的最多的事是和她们聊天，她们像关心自己的孩子一样询问我在学校生活的情况，也许我说的她们并不是很懂，但她们绝对是最好的聆听者。她们的子女不在身边，但是她们用信念和对这个世界的热爱依然坚强并积极地活着。

这一行让我有了许多感触。

1. 踏出第一步

在选择去哪儿进行社会实践时，我一度很苦恼。我家在一个小镇上，不像城市里有那么多地方可以选择，我觉得没有什么地方可以让我得到真正的锻炼。我向家人寻求意见，他们也没有主意。当时我已经想放弃这次实践，但我知道其实社会实践的目的只是锻炼在学校学习不到的能力，所以凡是社会上的场所都可以进行社会实践。很多事情的难度都是我们想当然的，实际做起来也许并没有那么困难，但只是想想，就让许多人望而却步，不战而败。所以，要勇敢踏出第一步，在行动中也许就能找到下一步的方向。

2. 不动手就不会成长

在家里，我们是家长心目中的宝贝，在学校我们习惯了找最便捷简单的方式。有些人总想着付出最小的成本获取最大的利益，他们梦想中的生活是衣来伸手、饭来张口，天上掉馅饼。实践之后，我知道劳动是要干一辈子的事，劳动让人们获得了他人的尊重。对于我们来说，重要的不仅仅是头脑，更是动手能力，这是我们在语言之外与外界交流的又一媒介，同时是我们实现人生价值的重要通道。

3. 社会的关心确实温暖人心

现在国家的社会福利政策已经越来越完善，建设养老院、儿童福利院，对农业及其他行业实行补助，帮扶残障人士，建设新农村……。我们在成长中可以清晰地感受到社会福利政策带来的好处。同时，我们也会听到一些负面的消息，如形象工程、面子工程等。但是，当我来到这里，从老人们的口中了解到，他们觉得生活得很惬意，吃穿不愁，每个月还有"零花钱"。也许政策的出台或者落实仍有不尽如人意的地方，但是政府和社会的努力和付出却是实实在在的。不少爱心人士和志愿者一直在努力帮助他们解决困难。这不仅温暖了我，也让我感受到，我们每一个人应该行动起来，用正向阳光的态度，用积极的行动，去传递正能量，去帮助有需要的人，让世界更加美好。

4. 精神的力量往往比物质更伟大

和这些老人们交流，最大的感受就是温暖，他们的目光充满慈祥，他们的笑容让你觉得亲切。虽然他们经历病痛的折磨，但是他们依然坚强而安详。我们的到来，使得大家聚集在一起，让我受宠若惊。老人们似乎对我的年纪，我生活的"世界"充满好奇。他们聚在一起，总是聊得欢快，但内容常常都是围绕孩子们的。他们不会与你说他们心中对亲人的思念，他们已然学会了宽容、学会了感恩、学会了坚强。老实说，我从来没有想过自己老后的样子，是想干活却怕被嫌弃，想花钱却发现没什么需要的，还是子女长绕膝下，笑声满堂？我们在追求物质生活水平的提高时如果忘记初心，忘记身边的人，那么在富裕后会觉得满足和快乐吗？这次实践，让我深深触动，要关注人生的价值，要做一个对社会有用的人，做一个充满力量和阳光的人，做一个同样能够给别人以安详力量的人。

（外国语学院　韩同学）

B.6　躬行践履求真知，立德树人悟师道

社会实践，即是用切身实际行动去验证真理。这一次社会实践让我了解了老师这个职业的辛苦和付出，也感受到了当一名老师的责任和美好。另外，社会的前进需要行动，个人的前进也需要行动，行动才是体现个人价值的最直接标准。正是"实践是检验真理的唯一标准"。社会实践是让大学生将在课堂上的所学运用于实际，学会将理论结合实际，走出校门、深入基层、深入群众、深入实际，在现实的历练中成人成才，能够成熟地面对社会的竞争，处理社会事务，树立起正确的世界观和价值观，以更好地为国家、社会和人民作贡献。

即将踏上社会，我选择了在我家乡的小学实践，体验一下作为老师的感受。这让我从中领悟到了很多东西，比如必须在工作中不断学习，不断积累；比如要搞好和同事、学生之间的关系等，这些东西都让我终身受益。对于大学生而言，敢于接受挑战也是一种最基本的素质。虽然一个月的实践活动让我觉得比较累，比较辛苦，但它锻炼了我，也让我愈发喜爱教师这份职业，这一切的一切都是我在大学课本上学不来、体会不来的。这次实践让我明白什么是工作，什么是教师，让我懂得了要将理论与实际相结合，让我知道了自己是否拥有好的交流技能和理解沟通能力，更重要的是让我知道我的专业知识是否够扎实，我的随堂应变能力是否够格等。

"纸上得来终觉浅，绝知此事要躬行"。这是我一个月来最深的感受。社会实践使我找到了理论与实践的最佳结合点。

经过这两个月的教师经历，我也总结出了一些经验。比如小学二年级的学生喜欢炫耀自己，于是我根据他们的性格和年龄的特点，鼓励他们，夸奖他们，只要他们积极回答问题，我都用鼓励的话语对他们说："很好""很响亮""答得不错"。他们在得到我的赞扬后积极性也提高了很多，久而久之，就养成了积极回答问题的习惯，也充分活跃了课堂的气氛，学生情绪饱满，教学效果也随之提升了。

对于此类年龄小的学生，作为老师要有足够的耐心和爱心，跟他们成为朋友，通过聊天来了解他们，让他们明白我是值得相信的，听取他们的心声，还应该带领他们多多参加班级的各项集体活动，培养他们的课外兴趣，增加各方面的能力，使他们能从各个方面全面发展，为将来的求学道路打下扎实的基础。

如何管好一群精力充沛的小学生？这是一个看似简单，其实却是一个最困难的问题。学生的情绪并不在教师的控制范围内。面对这一群活泼好动的小学生，作为老师，要管教好他们，确实是一件困难的事情。在其他老师的建议下，我采用轻松活泼的教学方式，让学生更容易接受我，然后在教学过程中，逐步融入做人的道理和学习重要性的内容。相信没有一个学生不喜欢既风趣亲切又善良正直的老师。

在实践中我发现，成绩只是孩子健康成长的一个方面。不能因成绩否定孩子的能力，那样会扼杀他们的创造力——才能是多维的。因此，对于成绩不理想的学生，我会在课下多花时间给他们辅导，让他们感受到：老师没有放弃他们。他们会重新重视学习，成绩也会一天一天地好起来。我针对不同的学生采用不同的引导方式，使他们对学习有新的认识，放弃破罐子破摔的思想。

在这次实践当中，我对教师的工作也有所体会。第一，从事教学工作需要"钻心"：我为了这次实践的顺利进行，投入了大量的精力。虽然对于小学的英语知识不在话下，但我还是找来了教材和教参专心备课，力求做到在知识上准确无误；除了在"教什么"上下功夫，我在"怎样教"上也丝毫不敢马虎。第二，从事教学工作要"耐心"：面对不同的小孩子，在教学中，不能从自身主观出发"想当然之"，对他们所提出的问题要"耐心"地讲解，一遍不行就两遍，两遍不行就三遍，同时反省自己的教学方式是否对路，切忌"简单粗暴"，对于不同的小孩子不能一刀切。第三，从事教学工作需要与人"交心"：在教学中不能"闭门造车"，要多与外界交流，掌握更多的信息，丰富自己的背景。我注意与家长的交流，及时将教学进展反馈给家长，便于家长配合与支持。同时，我还向多位老师请教，他们给了我莫大的帮助。

在实践活动中，我学到了课本中无法学到的经验，知识是无止境的，学习也是无止境的。虽然说在实习的过程中遇到了很多的困难，但带给了我无限的乐趣。作为一群还没有长大的孩子，他们的天真和无邪深深地感动了我，也带给我快乐，让我重温久违的童年欢笑。

这次实践犹如一面明镜，既映照专业知识的薄弱，更折射出教育情怀的可贵。它让我懂得，教师职业的崇高不仅在于授业解惑，更在于践行用生命影响生命的艺术。这段知行合一的旅程，为我的教师梦注入了更深厚的力量，也让我坚信：唯有将双脚扎进教育实践的土壤，才能让理想生根发芽。

（国际商学院　魏同学）

B.7　环保课堂进社区：一次心灵的觉醒之旅

这个暑假，我参与了移动的环保课堂进社区实践活动。在这段时间里，团队深入南联、万福、盐灶等多个社区及新坡镇、三江村，通过一系列别开生面的环保小实验，为居民们上了一堂生动的环保课。这次经历对我来说，不仅是一次知识的传播，更是一次心灵的觉醒之旅。

在这次活动中，我有幸成为环保课堂的讲解员，全程参与了净水装置的设计与制作，这一过程耗费了我大量精力。在寻找原材料时我就遇上了不少麻烦，为了寻找合适的外壳，我辗转学校周围的各个超市、小卖部，最终在一个小摊上找到我想要的材料；水的过滤需要颗粒度大小不同的沙子，当时正是海口太阳最烈的时候，我走遍学校各处，汗水浸透全身，寻找合适的沙子。当然真正的考验还在后面，面对大小朋友，我要将知识以浅显易懂的形式介绍给他们，同时还要兼顾一定的趣味性。不过我坚信我所做的都是有意义的，当我看到小朋友们那求知若渴的眼神时，当我看到老人不断追问净水的细节时，当我看到一个母亲听完后还要把女儿叫过来一起听时，我感受到了传承的真正意义：不仅是知识的传承，更是环保精神的传承。

这些实验让参与者目睹了环境问题的严峻性。当看到清澈水源因污染而变色，肥沃土壤因不当处理而退化时，我深感环境保护的紧迫性。这些实验不仅让居民们了解了环境保护的重要性，也唤醒了他们内心深处的环保意识。

在活动中，我深刻体会到了团队合作的力量。团队成员分工明确，配合默契，共同完成了各项任务。通过这次活动，我不仅学到了环保知识，还锻炼了自己的团队协作能力。

让我感到欣慰的是，团队的努力得到了居民们的积极响应。他们纷纷表示将积极行动起来，为保护家园贡献自己的力量。看到他们的变化，我深感团队的付出是值得的。这次实践活动也让我认识到，环境保护不仅仅是政府的事情，更是每一个公民的责任。我们应该从自身做起，从身边的小事做起，为保护环境贡献自己的力量。同时，我也意识到，保护环境需要全社会的共同努力，只有大家齐心协力，才能让我们的家园更加美好。

总之，这次移动的环保课堂进社区实践活动让我受益匪浅。我将以此为契机，继续努力学习环保知识，提高自己的环保意识，为保护我们的家园贡献自己的力量。同时，我也希望更多的人能够关注环保问题，加入我们的行列，共同为建设美丽中国而努力。

（材料科学与工程学院　殷同学）

B.8 知行淬炼成长路 职场破茧启示录——企业实践七日谈

晨光穿透写字楼玻璃幕墙，在工位铭牌上折射出淡淡光晕时，我才真切触摸到职场的真实轮廓。这场为期七天的企业实践，犹如投入平静湖面的石子，在理论认知与现实规则的碰撞中激荡出层层涟漪，让我在疼痛与顿悟的交织中完成了从校园人到职场新人的初次蜕变。

第一幕 规则之重：120元罚单的教育

实践首日，自以为驾轻就熟的文档整理工作，却因忽视版本管理规范酿成重大失误。当主管指着系统中混乱的合同编号质问时，我的辩解在"操作记录可追溯"的电子日志前显得苍白无力。那张120元的罚单轻若鸿毛又重如千钧——它不仅是职场容错率的具象刻度，更昭示着企业运作中不容置喙的规则铁律。深夜复盘时，项目组长发来的标准作业程序（SOP）流程图在屏幕上幽幽闪烁，那些曾被视作教条的流程节点，此刻都化作警示红线：在专业分工高度细化的现代企业，任何环节的疏忽都可能引发系统性的蝴蝶效应。

第二幕 沟通之困：跨部门协作的破壁

次日的产品需求对接会，成为检验校园团队经验与职场协作模式的试金石。当我沿用学生干部式的"民主讨论"试图协调研发与市场部门时，瞬息冷场的会议室与时钟滴答声构成了尖锐讽刺。市场部王经理轻敲桌面的钢笔，将我的"可能""大概"等模糊表述逐一击碎："我需要的是可量化的用户画像数据，不是文学修辞。"这场溃败让我顿悟：职场沟通的本质是价值交换，每个专业话语体系背后都矗立着严密的逻辑城墙。当夜整理的跨部门协作备忘录，记录的不只是专业术语对照表，更是思维方式转型的里程碑。

第三幕 认知迭代：理论与实践的共生

在参与智能客服系统调试的实战中，课堂引以为傲的算法模型遭遇现实数据的猛烈冲击。真实场景中38％的方言识别误差率，将教科书上的准确率数据撕开狰狞缺口。但正是这种认知裂缝，让技术总监指导"噪声过滤模型优化方案"显得尤为珍贵——当我们把方言样本库扩容至 20 万条时，系统在闽南语场景的识别率提升了 19 个百分点。这个跌宕起伏的过程，生动诠释了"实践-理论-再实践"的认知闭环，那些在实验室里被精心屏蔽的"干扰项"，恰是技术落地的核心攻坚点。

第四幕　职业觉醒：从工具到价值建构

在实践尾声的行业峰会上，目睹法务主管用 3 个小时将晦涩的合规条例转化为生动的风险防控图谱，我触摸到了职业发展的深层脉络。当她把欧盟 GDPR 条例与儿童智能手表研发案例结合讲解时，冰冷的法律条文突然有了温度——原来专业精进的终极目标，是为技术创新构筑人文护城河。这种价值觉醒颠覆了我对"打工人"的刻板想象：真正的职场精英，是在规则框架内编织意义之网的造梦者。

七天如白驹过隙，却在我的认知图谱上刻下永恒印记。返程地铁穿梭城市脉络，工牌上尚未褪去的余温提醒着我：职场从来不是理论知识的跑马场，而是需要将专业素养、规则意识、系统思维熔铸成生存技能的角斗场。那些在校园温室里孕育的理想幼苗，唯有经过现实风雨的淬炼，才能真正生长出支撑职业生命的坚韧根系。这场初探职场的破茧之旅，终将成为我穿越未来迷雾的星火微光。

（计算机学院　谢同学）

附录 C　部分相关文件及规定

C.1　关于进一步加强和改进大学生社会实践的意见

（中青联发〔2005〕3 号）

为贯彻落实《中共中央 国务院关于进一步加强和改进大学生思想政治教育的意见》（中发〔2004〕16 号）精神，现就进一步加强和改进大学生社会实践提出以下意见。

一、充分认识加强和改进大学生社会实践的重要意义

1. 理论联系实际是党的优良传统和作风，教育与生产劳动和社会实践相结合是党的教育方针的重要内容，理论教育和实践教育相结合是大学生思想政治教育的根本原则。大学生参加社会实践，了解社会、认识国情，增长才干、奉献社会，锻炼毅力、培养品格，对于加深对邓小平理论和"三个代表"重要思想的理解，深化对党的路线方针政策的认识，坚定在中国共产党领导下，走中国特色社会主义道路，实现中华民族伟大复兴的共同理想和信念，增强历史使命感和社会责任感，具有不可替代的重要作用，对于培养中国特色社会主义事业的合格建设者和可靠接班人具有极其重要的意义。

2. 改革开放特别是党的十三届四中全会以来，大学生社会实践不断加强，取得了显著成效，已经成为大学生思想政治教育的有效途径。但是，面对新形势、新任务、新情况、新变化，大学生社会实践还存在薄弱环节，社会实践的方式方法、形式途径还不多，社会实践的新体制新机制还没有建立起来，社会实践活动基地建设还不能满足需要，一些高校领导对大学生社会实践重视不够、措施不力、办法不多，全社会共同支持大学生社会实践的局面尚未形成。必须在巩固已有工作成果基础上，采取更加有力措施，进一步加强

和改进大学生社会实践，使之在大学生思想政治教育中发挥更加积极作用。

二、进一步明确大学生社会实践的总体要求和工作原则

3. 大学生社会实践的总体要求是：以邓小平理论和"三个代表"重要思想为指导，认真贯彻以人为本、全面协调可持续的科学发展观，全面贯彻党的教育方针，遵循大学生成长规律和教育规律，以了解社会、服务社会为主要内容，以形式多样的活动为载体，以稳定的实践基地为依托，以建立长效机制为保障，引导大学生走出校门、深入基层、深入群众、深入实际，开展教学实践、专业实习、军政训练、社会调查、生产劳动、志愿服务、公益活动、科技发明和勤工助学等，在实践中受教育、长才干、做贡献，树立正确的世界观、人生观和价值观，努力成长为中国特色社会主义事业的合格建设者和可靠接班人。

4. 大学生社会实践的工作原则是：

(1)坚持育人为本，牢固树立实践育人的思想，把提高大学生思想政治素质作为首要任务。

(2)坚持理论联系实际，提高社会实践的针对性实效性和吸引力感染力。

(3)坚持课内与课外相结合，集中与分散相结合，确保每一个大学生都能参加社会实践，确保思想政治教育贯穿于社会实践的全过程。

(4)坚持受教育、长才干、做贡献，保证大学生社会实践长期健康发展。

(5)坚持整合资源，调动校内外各方面积极性，努力形成全社会支持大学生社会实践的良好局面。

三、把大学生社会实践纳入教学计划，不断丰富社会实践的内容

5. 进一步加强以教学实践、专业实习为主要内容的实践教学。把实践教学作为课堂教学的重要组成部分和巩固理论教学成果的重要环节，使大学生在参与实践教学的过程中，深刻体会蕴涵在各门课程中反映人类文明成果、弘扬民族精神、体现科学精神、揭示事物本质规律的内容，培养大学生的创新精神和实践能力。要把实践教学的要求落实到每一个部门、每一门课程和每一位教师，体现在专业培养计划、课程教学大纲和教师的岗位职责中。要着重解决好实践教学经费投入、实验教学资源、实习教学质量、毕业设计质量、实践教学管理等方面存在的问题和不足。

6. 认真组织军政训练。要把军政训练作为必修课，纳入学校整体教学计划，认真组织实施，使大学生在军政训练中提高思想政治觉悟，增强国防观念和国家安全意识，培养爱国主义、集体主义、社会主义和革命英雄主义精神，加强组织纪律观念，发扬艰苦奋斗、吃苦耐劳作风。要积极争取解放军和武警部队的支持，选派优秀指战员组织指导大学生军政训练。

7. 深入开展社会调查。要组织大学生围绕经济社会发展的重要问题，开展调查研究，提出解决问题的意见和建议，形成调研成果。高校要加强对大学生社会调查的选题、途径、过程的管理和指导，开设社会调查课程或讲座，帮助大学生正确认识社会现象，掌握科学研究方法，提高分析问题和解决问题的能力，努力把握事物的本质和规律。本、专科生和研究生在校期间每人至少要开展一次社会调查，写出一篇较高质量的社会调查报告。

8. 广泛开展生产劳动和社会服务。高校要创造条件，引导大学生参加生产劳动，培养大学生的劳动观念和职业道德。大力倡导大学生参加志愿服务等公益活动，引导大学生运用所学知识和技能服务人民，奉献社会，培养为人民服务的道德观，弘扬社会主义道德风尚。要拓展社会服务的新领域、新载体、新形式，鼓励大学生参加志愿服务西部计划、贫困地区支教计划、青春红丝带志愿行动等活动。要把大学生志愿者纳入中国青年志愿者规范管理的范畴，激发大学生参与社会服务的热情，带动更多大学生参与到志愿服务中来。

9. 大力开展科技发明。引导大学生在社会实践中参与技术改造、工艺革新、先进适用技术传播，为经济社会发展献技出力，不断提高大学生的科学素养，培养良好的学术道德，弘扬求真务实、开拓创新的科学精神。要规范和促进大学生科技成果转化，鼓励大学生开展创业实践，提高创业技能。

10. 扎实开展勤工助学。要为大学生参加勤工助学创造条件，建立规范有效的勤工助学管理制度，鼓励大学生在完成学业的同时，积极参加勤工助学活动。各级政府要广开渠道，努力帮助经济困难的大学生参加勤工助学，

取得合理的经济收入，增进对社会和国情的了解。要加强大学生参加校外勤工助学活动的管理，维护大学生的合法权益。坚决禁止大学生参与传销等非法活动。

11. 积极开展"红色之旅"学习参观。要组织大学生到革命纪念地、改革开放前沿和经济社会发展成效显著的地方学习参观，了解中国革命、建设和改革开放的历史和成就，增强大学生对党的感情，对中国特色社会主义的热爱，激发他们全面建设小康社会、实现中华民族伟大复兴的责任感。要充分发挥博物馆、纪念馆、展览馆、烈士陵园等爱国主义教育基地的教育作用。学习参观要突出教育主题，增强教育效果，力戒形式主义。

四、全面深入开展"三下乡"和"四进社区"活动

12. 文化、科技、卫生"三下乡"和科教、文体、法律、卫生"四进社区"活动，是新形势下大学生参加社会实践的有效载体。要广泛发动大学生利用寒暑假等时间开展"三下乡"和"四进社区"活动。高校要更加主动地与地方沟通，进一步明确实践服务的内容，根据需求选派相关专业的大学生组成团队，为群众办实事、做好事、解难事。当地团组织要在党政的领导和支持下，与有关部门协调配合，安排好活动的时间、地点和具体内容。活动所在单位要对大学生的表现作出鉴定。

13. 高校要根据年度大学生思想政治教育的重点和不同年级、

专业大学生的具体情况，像组织课堂教学一样，精心设计、周密安排大学生参加"三下乡"和"四进社区"活动。高校团委要根据计划负责具体组织实施。本、专科生和研究生在校期间至少参加一次"三下乡"和"四进社区"活动，开展活动的时间不少于两周。并在开学初，以团支部、班级等为单位进行总结交流。

五、探索建立大学生社会实践的长效机制

14. 探索建立社会实践与专业学习、服务社会、勤工助学、择业就业、创新创业相结合的管理体制。要把社会实践纳入学校教学计划，规定学时学分，对大学生参加社会实践提出时间和任务要求。要把大学生社会实践作为对高等学校办学质量和水平评估考核的重要指标，纳入高等学校党的建设和教育教学评估体系。要制定行之有效的考核办法和激励机制，把大学生参加社会实践的情况记入《大学生素质拓展证书》，定期评选表彰先进集体和个人。

15. 建立多种形式的投入保障机制。对教学实践、专业实习、军政训练，要在学校教学经费中作出安排，确保人人参加；对"三下乡"和"四进社区"活动，学校要建立专项经费，地方政府要给予大力支持；对社会调查、生产劳动和社会服务、科技发明、勤工助学、"红色之旅"，要大力提倡和引导大学生自愿参加，政府和社会各方面予以一定支持。

16. 把大学生社会实践与教师社会实践结合起来，组织高校干部教师参加、指导社会实践。学校党政干部和共青团干部、思想政治理论课和哲学社会科学课教师、辅导员和班主任都要参加大学生社会实践活动。鼓励专业教师参与、指导大学生社会实践。要把干部、教师参加和指导大学生社会实践计入工作量，作为考评的重要依据，调动干部、教师参与社会实践的积极性。

17. 建立相对稳定的大学生社会实践基地。高校要主动与城市社区、农村乡镇、爱国主义教育基地、企事业单位、部队、社会服务机构等联系，本着合作共建、双向受益的原则，从地方建设发展的实际需求和大学生锻炼成长的需要出发，建立多种形式的社

会实践基地，力争每个学校、每个院系、每个专业都有相对固定的基地，长期坚持，使学生受锻炼，当地见效益。定期评选表彰大学生社会实践示范基地和优秀基地。

六、切实加强对大学生社会实践的领导

18. 各级党委和政府要为高校组织社会实践活动创造条件，提供便利。各地要在党委统一领导下，建立由有关部门负责同志参加的大学生社会实践联席办公会议制度，定期召开工作协调会。地方各级政府要把支持大学生社会实践列入政府财政，给予具体支持。各地宣传部门、文明办、教育部门和共青团组织要在当地党委政府统一领导下，明确各自任务，形成工作合力。高校要成立由分管领导牵头的大学生社会实践领导小组，统筹安排，抓好落实。要加强安全教育，制定安全预案，确保师生参加社会实践安全。

19. 动员社会各方面支持大学生社会实践。制定社会各方面支持大学生社会实践的政策和具体办法，调动各方面的积极性，为大学生社会实践创造有利条件。鼓励支持社会各方面接纳大学生社会实践。

20. 加强对大学生社会实践的宣传。报刊、广播、电视、互联网等新闻媒体，要深入宣传报道大学生社会实践，为大学生社会实践营造良好氛围。要加强有关大学生社会实践网站建设，构建社会实践网上工作平台。要开展大学生社会实践理论研究，指导社会实践深入发展。

中宣部

中央文明办

教育部

共青团中央

（2005 年 2 月 22 日印发）

C.2 教育部关于深入推进学生志愿服务活动的意见

教思政〔2009〕9号

各省、自治区、直辖市党委教育工作部门、教育厅（教委），新疆生产建设兵团教育局，部属各高等学校：

为深入贯彻落实党的十七大和中发〔2004〕8号文件、中发〔2004〕16号文件以及中央文明委《关于深入开展志愿服务活动的意见》精神，把志愿精神作为进一步加强和改进大学生思想政治教育和未成年人思想道德建设的重要内容，充分发挥志愿服务活动的育人作用，现就建立健全学生志愿服务活动长效机制，深入推进学生志愿服务活动提出以下意见：

一、深入推进学生志愿服务活动的指导思想和基本原则

深入推进学生志愿服务活动，要以邓小平理论和"三个代表"重要思想为指导，深入贯彻落实科学发展观，紧紧抓住社会主义核心价值体系建设这个根本，贴近实际、贴近生活、贴近学生，广泛普及志愿理念，大力弘扬志愿精神，着力培养志愿服务意识，着力壮大志愿者队伍，着力完善志愿服务体系，着力建立志愿服务社会化运行模式，推动志愿服务有一个新的更大发展，使更多的学生成为志愿者，使更多的学生志愿者成为良好社会风尚的倡导者，成为社会主义精神文明的传播者、实践者，充分发挥志愿服务的育人功能。

深入推进学生志愿服务活动，要认真总结近年来学生参与志愿服务活动的做法和经验，在已有工作基础上，努力促进学生志愿服务活动的长效化、规范化、常态化。要坚持支持鼓励原则，积极创造条件，充分调动广大学生的积极性、主动性、创造性；坚持自愿无偿原则，号召和提倡学生积极参与适合其身心特点的志愿服务活动；坚持适宜适量原则，充分考虑不同年龄段学生的身心发展规律和特点，讲求实效，尽力而为，量力而行。

二、加强教育引导，强化学生志愿服务意识

高校要把志愿精神作为进一步加强和改进大学生思想政治教育的重要内容，纳入到思想政治理论课教育教学，在《思想道德修养与法律基础》课中安排适当课时讲授相关内容。要编写激励学生发扬志愿精神的辅导读物，在教学讨论和评价中增加宣传志愿精神的内容。要在学生社会实践活动中加大志愿服务的力度，积极引导学生利用社会实践的机会开展志愿服务活动，可将学生志愿服务活动折算成社会实践学分。要加强社会工作专业的学科建设，为学生志愿服务提供学科依托和理论支持。要通过举办讲座、报告会等形式，积极传播志愿服务理念，激发学生参加志愿服务活动的热情。

中小学要把志愿精神作为进一步加强和改进未成年人思想道德建设的重要内容，有机融入到《品德与生活》、《品德与社会》、《思想品德》、《思想政治》、《职业道德与修养》等课程的教育教学中。要因地制宜、重在教育，积极探索实践教学和学生参加社会实践、社区服务的有效机制，引导学生根据年龄特点，通过社会实践、社区服务开展力所能及的公益性劳动和志愿服务活动，不断增强他们的志愿服务意识。

各地各校要积极选树学生志愿服务活动先进典型，大力开展学生志愿服务先进集体和个人的评选表彰活动。要充分利用校园媒体和社会媒体，对学生志愿服务活动先进集体和个人进行广泛宣传。

三、深入开展各种形式的志愿服务活动，搭建学生志愿服务平台

各地各校要根据不同学生的特点，结合各地各校实际，组织学生积极参加各类志愿服务活动，同时利用寒暑假期和节假日，开展社会实践活动，探索形成具有学生特点的志愿服务品牌项目，建设学生志愿服务基地。

在着眼于讲文明树新风的志愿服务活动中，组织开展普及文明风尚志愿服务，更好地传播文明理念，倡导团结互助精神，引导人们知礼仪、重礼节、讲道德；组织学生参加科技、文体、法律、卫生、社会治安、保护生态环境等志愿服务，为普及科学知识、传播先进文化、营造和谐环境服务。

在着眼于扶危济困的志愿服务活动中，组织开展送温暖、献爱心活动，大力弘扬我国扶危济困、助人为乐的传统美德，坚持从办得到、群众又迫切需要的事情做起，把生活困难群众和老年人、残疾人作为重点对象，努力为困难群众排忧解难。

在着眼于大型社会活动顺利进行的志愿服务中，开展公共秩序和赛会保障等志愿服务活动，动员学生志愿者到公共场所、道路交通和赛会场馆等重点部位，宣传文明行为规范，参加接待、咨询、联络、秩序维护等方面的工作，努力创造规范有序的社会公共秩序，为大型社会活动的顺利进行提供保障。

在着眼于应急救援的志愿服务活动中，以高校学生为主组织志愿者参与普及防灾避险、疏散安置、急救技能等应急处置知识，重大自然灾害和突发事件的抢险救援、卫生防疫、群众安置、设施抢修和心理安抚等工作。要依托有关职能部门、行业协会和专门学会，组织有相关知识、经验和资质的高校学生志愿者成立专业救援服务队，提高应急救援的专业化水平，保证高校学生志愿者关键时刻能服务、会服务。

高校要积极倡导毕业生参加"三支一扶"计划和大学生志愿西部服务计划等项目，鼓励和引导毕业生志愿者到西部、到基层、到祖国最需要的地方去，转变就业创业观念，提升就业创业能力，传播志愿服务理念，大力弘扬志愿精神。

四、加大支持力度，建立深入推进学生志愿服务活动的保障和激励机制

各地各校要建立健全学生志愿服务培训体系，加强对高校和高中阶段学生志愿者的培训，不断提高学生志愿者素质和服务质量。要积极制订志愿服务培训计划，编辑相关培训教材，定期开展对学生志愿者的培训工作。各地各校要结合实际，设立专项经费，加大对学生志愿服务活动的投入力度，为组织开展学生志愿服务活动提供工作条件和保障。加强学生志愿服务相关网站建设，为学生开展志愿服务和实践活动提供更广阔的视野和更充分的交流共享平台。各地教育部门要制订学生志愿服务工作考评措施，定期对学校开展学生志愿服务工作进行检查考核，并纳入大学生思想政治教育和未成年人思想道德建设工作评估体系。加强学生志愿服务工作研究，开展工作交流，推进信息和资源共享，为开展志愿服务活动提供理论指导和咨询。

要在坚持自愿原则的基础上，鼓励学生积极参加志愿服务组织，倡导学生注册成为志愿者。要积极推动开展高校学生志愿服务认证工作，根据志愿者的岗位和工作内容设立合理的评价指标，建立以量化考核为基础的评价体系。要将高校学生参加志愿服务活动的有关记录纳入到中国高等教育学生信息网的毕业生信息库中。要将高校学生参加志愿服务活动情况纳入到评优评奖体系中，把志愿服务作为培养入党积极分子的实践环节，对学生党员开展志愿服务提出明确要求。要完善高中阶段学生综合素质评价体系，将参加志愿活动情况记入学生成长记录中，作为综合素质评价的一项重要指标，同时也可作为学生评优、高校选拔的重要参考因素。

五、切实加强对学生志愿服务活动的领导

各校要成立学生志愿服务工作领导小组，统筹领导协调全校学生志愿服务工作，可由学校团委牵头开展学生志愿服务活动。

各省（区、市）党委教育工作部门、教育厅（教委）和高等学校要根据本意见，结合实际，制订具体实施办法。

教育部

二〇〇九年六月二十三日

C.3 教育部等部门关于进一步 加强高校实践育人工作的若干意见

（教思政〔2012〕1 号）

各省、自治区、直辖市党委宣传部、党委教育工作部门、教育厅（教委）、财政厅、文化厅、团委，新疆生产建设兵团党委宣传部、教育局、财政局、文化局、团委，中央有关部门（单位）教育司（局），各军区、各军兵种、各总部、武警部队政治部，教育部直属各高等学校：

为全面落实《国家中长期教育改革和发展规划纲要（2010—2020年）》，深入贯彻胡锦涛总书记等中央领导同志一系列重要指示精神，现就进一步加强新形势下高校实践育人工作，提出如下意见。

一、充分认识高校实践育人工作的重要性

1. 进一步加强高校实践育人工作，是全面落实党的教育方针，把社会主义核心价值体系贯穿于国民教育全过程，深入实施素质教育，大力提高高等教育质量的必然要求。党和国家历来高度重视实践育人工作。坚持教育与生产劳动和社会实践相结合，是党的教育方针的重要内容。坚持理论学习、创新思维与社会实践相统一，坚持向实践学习、向人民群众学习，是大学生成长成才的必由之路。进一步加强高校实践育人工作，对于不断增强学生服务国家服务人民的社会责任感、勇于探索的创新精神、善于解决问题的实践能力，具有不可替代的重要作用；对于坚定学生在中国共产党领导下，走中国特色社会主义道路，为实现中华民族伟大复兴而奋斗，自觉成为中国特色社会主义合格建设者和可靠接班人，具有极其重要的意义；对于深化教育教学改革、提高人才培养质量，服务于加快转变经济发展方式、建设创新型国家和人力资源强国，具有重要而深远的意义。

2. 进入本世纪以来，高校实践育人工作得到进一步重视，内容不断丰富，形式不断拓展，取得了很大成绩，积累了宝贵经验，但是实践育人特别是实践教学依然是高校人才培养中的薄弱环节，与培养拔尖创新人才的要求还有差距。要切实改变重理论轻实践、重知识传授轻能力培养的观念，注重学思结合，注重知行统一，注重因材施教，以强化实践教学有关要求为重点，以创新实践育人方法途径为基础，以加强实践育人基地建设为依托，以加大实践育人经费投入为保障，积极调动整合社会各方面资源，形成实践育人合力，着力构建长效机制，努力推动高校实践育人工作取得新成效、开创新局面。

二、统筹推进实践育人各项工作

3. 加强实践育人工作总体规划。实践教学、军事训练、社会实践活动是实践育人的主要形式。各高校要坚持把社会主义核心价值体系融入实践育人工作全过程，把实践育人工作摆在人才培养的重要位置，纳入学校教学计划，系统设计实践育人教育教学体系，规定相应学时学分，合理增加实践课时，确保实践育人工作全面开展。要区分不同类型实践育人形式，制定具体工作规划，深入推动实践育人工作。

4. 强化实践教学环节。实践教学是学校教学工作的重要组成部分，是深化课堂教学的重要环节，是学生获取、掌握知识的重要途径。各高校要结合专业特点和人才培养要求，分类制订实践教学标准，增加实践教学比重，确保人文社会科学类本科专业不少于总学分（学时）的 15％、理工农医类本科专业不少于 25％、高职高专类专业不少于 50％，师范类学生教育实践不少于一个学期，专业学位硕士研究生不少于半年。要全面落实本科专业类教学质量国家标准对实践教学的基本要求，加强实践教学管理，提高实验、实习、实践和毕业设计（论文）质量。支持高等职业学校学生参加企业技改、工艺创新等实践活动。组织编写一批优秀实验教材。思想政治理论课所有课程都要加强实践环节。

5. 深化实践教学方法改革。实践教学方法改革是推动实践教学改革和人才培养模式改革的关键。各高校要把加强实践教学方法改革作为专业建设的重要内容，重点推行基于问题、基于项目、基于案例的教学方法和学习方法，加强综合性实践科目设计和应用。要加强大学生创新创业教育，支持学生开展研究性学习、创新性实验、创业计划和创业模拟活动。

6. 认真组织军事训练。组织学生进行军事训练，是实现人才培养目标不可缺少的重要环节。各高校要把军事训练作为必修课，列入教学计划，军事技能训练时间为2-3周，实际训练时间不得少于14天。要通过开展军事训练，使学生掌握基本军事技能和军事理论，增强国防观念、国家安全意识，弘扬爱国主义、集体主义和革命英雄主义精神，培养艰苦奋斗、吃苦耐劳的作风。要积极争取解放军和武警部队对学生军事训练的大力支持，认真组织实施，增强军训实效。要突出抓好国防生军政训练，纳入教学课程体系，并为国防生日常教育训练提供必要的场地设施和条件，大力支持国防生参加部队实践活动。

7. 系统开展社会实践活动。社会调查、生产劳动、志愿服务、公益活动、科技发明和勤工助学等社会实践活动是实践育人的有效载体。各高校要把组织开展社会实践活动与组织课堂教学摆在同等重要的位置，与专业学习、就业创业等结合起来，制订学生参加社会实践活动的年度计划。每个本科生在学期间参加社会实践活动的时间累计应不少于4周，研究生、高职高专学生不少于2周，每个学生在学期间要至少参加一次社会调查，撰写一篇调查报告。要倡导和支持学生参加生产劳动、志愿服务和公益活动，鼓励学生在完成学业的同时参加勤工助学，支持学生开展科技发明活动。要抓住重大活动、重大事件、重要节庆日等契机和暑假、寒假时期，紧密围绕一个主题、集中一个时段，广泛开展特色鲜明的主题实践活动。

8. 着力加强实践育人队伍建设。所有高校教师都负有实践育人的重要责任。各高校要制定完善教师实践育人的规定和政策，加大教师培训力度，不断提高教师实践育人水平。要主动聘用具有丰富实践经验的专业人才。要鼓励教师增加实践经历，参与产业化科研项目，积极选派相关专业教师到社会各部门进行挂职锻炼。要配齐配强实验室人员，提升实验教学水平。要统筹安排教师指导和参加学生社会实践活动。积极组织思想政治理论课教师、辅导员和团干部参加社会实践、挂职锻炼、学习考察等活动。教师承担实践育人工作要计算工作量，并纳入年度考核内容。

9. 积极发挥学生主动性。学生是实践育人的对象，也是开展实践教学、军事训练、社会实践活动的主体。要充分发挥学生在实践育人中的主体作用，建立和完善合理的考核激励机制，加大表彰力度，激发学生参与实践的自觉性、积极性。要支持和引导班级、社团等学生组织自主开展社会实践活动，发挥学生在实践育人中的自我教育、自我管理、自我服务作用。

10. 加强实践育人基地建设。实践育人基地是开展实践育人工作的重要载体。要加强实验室、实习实训基地、实践教学共享平台建设，依托现有资源，重点建设一批国家级实验教学示范中心、国家大学生校外实践教育基地和高职实训基地。各高校要努力建设教学与科研紧密结合、学校与社会密切合作的实践教学基地，有条件的高校要强化现场教学环节。基地建设可采取校所合作、校企联合、学校引进等方式。要依托高新技术产业开发区、大学科技园或其他园区，设立学生科技创业实习基地。要积极联系爱国主义教育基地和国防教育基地、城市社区、农村乡镇、工矿企业、驻军部队、社会服务机构等，建立多种形式的社会实践活动基地，力争每个学校、每个院系、每个专业都有相对固定的基地。

三、切实加强对实践育人工作的组织领导

11. 形成工作合力。实践育人是一项系统工程，需要各地区各部门的大力支持，需要各高校的积极努力。推动地方各级政府整合社会各方面力量，大力支持高校实践育人工作。教育部门要加大对高校实践育人工作的指导和支持力度，进一步发挥好沟通联络作用，积极促进形成实践育人合作机制。财政部门要积极支持高校实践育

人工作。宣传、文化等部门要为学生参观爱国主义教育基地、文化艺术场所提供优惠条件。部队要支持学校开展军事训练，积极加强军校合作。共青团要动员和组织学生参加社会实践活动。各高校要成立由主要领导牵头的实践育人工作领导小组，把实践育人工作纳入重要议事日程和年度工作计划，统筹安排，抓好落实；要加强与企事业单位的沟通协商，为学生参加实习实训和实践活动创造条件。企事业单位支付给学生的相关报酬，可依照税收法律法规的规定，在企业所得税前扣除。

12. 加大经费投入。落实实践育人经费，是加强高校实践育人工作的根本保障和基本前提。高校作为实践育人经费投入主体，要统筹安排好教学、科研等方面的经费，新增生均拨款和教学经费要加大对实践教学、军事训练、社会实践活动等实践育人工作的投入。要积极争取社会力量支持，多渠道增加实践育人经费投入。

13. 加强考核管理。教育部门要把实践育人工作作为对高校办学质量和水平评估考核的重要指标，纳入高校教育教学和党的建设及思想政治教育评估体系，及时表彰宣传实践育人先进集体和个人。各高校要制订实践育人成效考核评价办法，切实增强实践育人效果。要制定安全预案，大力加强对学生的安全教育和安全管理，确保实践育人工作安全有序。

14. 加强研究交流。各地各高校要定期召开实践育人经验交流会、座谈研讨会等，及时总结推广实践育人成果，研究深入推进实践育人工作的思路举措。要积极组织专家学者开展科学研究，不断探索实践育人规律，为加强高校实践育人工作提供理论支持和决策依据。各地哲学社会科学规划工作领导部门要把加强实践育人重大问题研究列入规划。

15. 强化舆论引导。要充分发挥报刊、广播、电视、互联网等新闻媒体的作用，广泛开展宣传活动，大力报道加强实践育人工作的重要性、必要性，广泛宣传实践育人工作取得的成效，积极推广加强实践育人工作的新思路、新做法、新经验，在全社会进一步形成支持鼓励大学生深入社会，在实践中成长成才的良好氛围。

　　各地各高校要根据上述意见，认真研究制定本地本校进一步加强实践育人工作的具体措施，抓好贯彻落实，并将贯彻情况及时报教育部。

中华人民共和国教育部　中国共产党中央委员会宣传部

中华人民共和国财政部　中华人民共和国文化部

中国人民解放军总参谋部　中国人民解放军总政治部

中国共产主义青年团中央委员会

二〇一二年一月十日

C. 4　关于培育和践行社会主义核心价值观的意见

（中办发〔2013〕24 号）

社会主义核心价值观是社会主义核心价值体系的内核，体现社会主义核心价值体系的根本性质和基本特征，反映社会主义核心价值体系的丰富内涵和实践要求，是社会主义核心价值体系的高度凝练和集中表达。为深入贯彻落实党的十八大和十八届三中全会精神，积极培育和践行社会主义核心价值观，现提出如下意见。

一、培育和践行社会主义核心价值观的重要意义和指导思想

（一）培育和践行社会主义核心价值观，是推进中国特色社会主义伟大事业、实现中华民族伟大复兴中国梦的战略任务。党的十八大提出，倡导富强、民主、文明、和谐，倡导自由、平等、公正、法治，倡导爱国、敬业、诚信、友善，积极培育和践行社会主义核心价值观。这与中国特色社会主义发展要求相契合，与中华优秀传统文化和人类文明优秀成果相承接，是我们党凝聚全党全社会价值共识作出的重要论断。富强、民主、文明、和谐是国家层面的价值目标，自由、平等、公正、法治是社会层面的价值取向，爱国、敬业、诚信、友善是公民个人层面的价值准则，这 24 个字是社会主义核心价值观的基本内容，为培育和践行社会主义核心价值观提供了基本遵循。面对世界范围思想文化交流交融交锋形势下价值观较量的新态势，面对改革开放和发展社会主义市场经济条件下思想意识多元多样多变的新特点，积极培育和践行社会主义核心价值观，对于巩固马克思主义在意识形态领域的指导地位、巩固全党全国人民团结奋斗的共同思想基础，对于促进人的全面发展、引领社会全面进步，对于集聚全面建成小康社会、实现中华民族伟大复兴中国梦的强大正能量，具有重要现实意义和深远历史意义。

（二）培育和践行社会主义核心价值观的指导思想是：高举中国特色社会主义伟大旗帜，以邓小平理论、"三个代表"重要思想、科学发展观为指导，深入学习贯彻党的十八大精神和习近平同志系列讲话精神，紧紧围绕坚持和发展中国特色社会主义这一主题，紧紧围绕实现中华民族伟大复兴中国梦这一目标，紧紧围绕"三个倡导"这一基本内容，注重宣传教育、示范引领、实践养成相统一，注重政策保障、制度规范、法律约束相衔接，使社会主义核心价值观融入人们生产生活和精神世界，激励全体人民为夺取中国特色社会主义新胜利而不懈奋斗。

（三）培育和践行社会主义核心价值观要坚持以下原则：坚持以人为本，尊重群众主体地位，关注人们利益诉求和价值愿望，促进人的全面发展；坚持以理想信念为核心，抓住世界观、人生观、价值观这个总开关，在全社会牢固树立中国特色社会主义共同理想，着力铸牢人们的精神支柱；坚持联系实际，区分层次和对象，加强分类指导，找准与人们思想的共鸣点、与群众利益的交汇点，做到贴近性、对象化、接地气；坚持改进创新，善于运用群众喜闻乐见的方式，搭建群众便于参与的平台，开辟群众乐于参与的渠道，积极推进理念创新、手段创新和基层工作创新，增强工作的吸引力感染力。

二、把培育和践行社会主义核心价值观融入国民教育全过程

（四）培育和践行社会主义核心价值观要从小抓起、从学校抓起。坚持育人为本、德育为先，围绕立德树人的根本任务，把社会主义核心价值观纳入国民教育总体规划，贯穿于基础教育、高等教育、职业技术教育、成人教育各领域，落实到教育教学和管理服务各环节，覆盖到所有学校和受教育者，形成课堂教学、社会实践、校园文化多位一体的育人平台，不断完善中华优秀传统文化教育，形成爱学习、爱劳动、爱祖国活动的有效形式和长效机制，努力培养德智体美全面发展的社会主义建设者和接班人。适应青少年身心特点和成长规律，深化未成年人思想道德建设和大学生思想政治教育，构建大中小学有效衔接的德育课程体系和教材体系，创新中小学德育课和高校思想政治理论课教育教学，推动社会主义核心价值观进教材、进课堂、进学生头脑。完善学校、家庭、社会三结合的教育网络，引导广大家庭和社会各方面主动配合学校教育，以良好的家庭氛围和社会风气巩固学校教育成果，形成家庭、社会与学校携手育人的强大合力。

（五）拓展青少年培育和践行社会主义核心价值观的有效途径。注重发挥社会实践的养成作用，完善实践教育教学体系，开发实践课程和活动课程，加强实践育人基地建设，打造大学生校外实践教育基地、高职实训基地、青少年社会实践活动基地，组织青少年参加力所能及的生产劳动和爱心公益活动、益德益智的科研发明和创新创造活动、形式多样的志愿服务和勤工俭学活动。注重发挥校园文化的熏陶作用，加强学校报刊、广播电视、网络建设，完善校园文化活动设施，重视校园人文环境培育和周边环境整治，建设体现社会主义特点、时代特征、学校特色的校园文化。

（六）建设师德高尚、业务精湛的高素质教师队伍。实施师德师风建设工程，坚持师德为上，完善教师职业道德规范，健全教师任职资格准入制度，将师德表现作为教师考核、聘任和评价的首要内容，形成师德师风建设长效机制。着重抓好学校党政干部和共青团干部，思想品德课、思想政治理论课和哲学社会科学课教师，辅导员和班主任队伍建设。引导广大教师自觉增强教书育人的荣誉感和责任感，学为人师、行为世范，做学生健康成长的指导者和引路人。

三、把培育和践行社会主义核心价值观落实到经济发展实践和社会治理中

（七）确立经济发展目标和发展规划，出台经济社会政策和重大改革措施，开展各项生产经营活动，要遵循社会主义核心价值观要求，做到讲社会责任、讲社会效益，讲守法经营、讲公平竞争、讲诚信守约，形成有利于弘扬社会主义核心价值观的良好政策导向、利益机制和社会环境。与人们生产生活和现实利益密切相关的具体政策措施，要注重经济行为和价值导向有机统一，经济效益和社会效益有机统一，实现市场经济和道德建设良性互动。建立完善相应的政策评估和纠偏机制，防止出现具体政策措施与社会主义核心价值观相背离的现象。

（八）法律法规是推广社会主流价值的重要保证。要把社会主义核心价值观贯彻到依法治国、依法执政、依法行政实践中，落实到立法、执法、司法、普法和依法治理各个方面，用法律的权威来增强人们培育和践行社会主义核心价值观的自觉性。厉行法治，严格执法，公正司法，捍卫宪法和法律尊严，维护社会公平正义。加强法制宣传教育，培育社会主义法治文化，弘扬社会主义法治精神，增强全社会学法尊法守法用法意识。注重把社会主义核心价值观相关要求上升为具体法律规定，充分发挥法律的规范、引导、保障、促进作用，形成有利于培育和践行社会主义核心价值观的良好法治环境。

（九）要把践行社会主义核心价值观作为社会治理的重要内容，融入制度建设和治理工作中，形成科学有效的诉求表达机制、利益协调机制、矛盾调处机制、权益保障机制，最大限度增进社会和谐。创新社会治理，完善激励机制，褒奖善行义举，实现治理效能与道德提升相互促进，形成好人好报、恩将德报的正向效应。完善市民公约、村规民约、学生守则、行业规范，强化规章制度实施力度，在日常治理中鲜明彰显社会主流价值，使正确行为得到鼓励、错误行为受到谴责。

四、加强社会主义核心价值观宣传教育

（十）用社会主义核心价值观引领社会思潮、凝聚社会共识。深入开展中国特色社会主义和中国梦宣传教育，不断增强人们的道路自信、理论自信、制度自信，坚定全社会全面深化改革的意志和决心。把社会主义核心价值观学习教育纳入各级党委（党组）中心组学习计划，纳入各级党委讲师团经常性宣讲内容。深入研究社会主义核心价值观的理论和实际问题，深刻解读社会主义核心价值观的丰富内涵和实践要求，为实践发展提供学理支撑。深入推进马克思主义理论研究和建设工程，发挥国家社科基金的导向带动作用，推出更多有分量有价值的研究成果。加强社会思潮动态分析，强化社会热点难点问题的正面引导，在尊重差异中扩大社会认同，在包容多样中形成思想共识。严格社团、讲座、论坛、研讨会、报告会的管理。

（十一）新闻媒体要发挥传播社会主流价值的主渠道作用。坚持团结稳定鼓劲、正面宣传为主，牢牢把握正确舆论导向，把社会主义核心价值观贯穿到日常形势宣传、成就宣传、主题宣传、典型宣传、热点引导和舆论监督中，弘扬主旋律，传播正能量，不断巩固壮大积极健康向上的主流思想舆论。党报党刊、通讯社、电台电视台要拿出重要版面时段、推出专栏专题，出版社要推出专项出版，运用新闻报道、言论评论、访谈节目、专题节目和各类出版物等形式传播社会主义核心价值观。都市类、行业类媒体要增强传播主流价值的社会责任，积极发挥自身优势，适应分众化特点，多联系群众身边事例，多运用大众化语言，在生动活泼的宣传报道中引导人们培育和践行社会主义核心价值观。强化传播媒介管理，不为错误观点提供传播渠道。新闻出版单位和从业人员要强化行业自律，切实增强传播社会主义核心价值观的责任意识和能力，将个人道德修养作为从业资格考评重要内容。

（十二）建设社会主义核心价值观的网上传播阵地。适应互联网快速发展形势，善于运用网络传播规律，把社会主义核心价值观体现到网络宣传、网络文化、网络服务中，用正面声音和先进文化占领网络阵地。做大做强重点新闻网站，发挥主要商业网站建设性作用，形成良好的网上舆论环境，集聚网上舆论引导合力。做好重大信息网上发布，回应网民关切，主动有效进行网上引导。推动中华优秀传统文化和当代文化精品网络化传播，创作适于新兴媒体传播、格调健康的网络文化作品。依法加强网络社会管理，加强对网络新技术新应用的管理，推进网络法制建设，规范网上信息传播秩序，整治网络淫秽色情和低俗信息，打击网络谣言和违法犯罪，使网络空间清朗起来。

(十三)发挥精神文化产品育人化人的重要功能。一切文化产品、文化服务和文化活动，都要弘扬社会主义核心价值观，传递积极人生追求、高尚思想境界和健康生活情趣。提升文化产品的思想品格和艺术品位，用思想性艺术性观赏性相统一的优秀作品，弘扬真善美，贬斥假恶丑。加强对新型文化业态、文化样式的引导，让不同类型文化产品都成为弘扬社会主流价值的生动载体。加大对优秀文化产品的推广力度，开展优秀文化产品展演展映展播活动、经典作品阅读观看活动。完善文化产品评价体系，坚持文艺评论评奖的正确价值取向。完善公共文化服务体系，提供均等优质的文化产品，开展多姿多彩的文化活动，丰富群众精神文化生活。

五、开展涵养社会主义核心价值观的实践活动

(十四)广泛开展道德实践活动。以诚信建设为重点，加强社会公德、职业道德、家庭美德、个人品德教育，形成修身律己、崇德向善、礼让宽容的道德风尚。大力宣传先进典型，评选表彰道德模范，形成学习先进、争当先进的浓厚风气。在国家博物馆设立英模陈列馆。深化公民道德宣传日活动，组织道德论坛、道德讲堂、道德修身等活动。加强政务诚信、商务诚信、社会诚信和司法公信建设，开展道德领域突出问题专项教育和治理，完善企业和个人信用记录，健全覆盖全社会的征信系统，加大对失信行为的约束和惩戒力度，在全社会广泛形成守信光荣、失信可耻的氛围。把开展道德实践活动与培育廉洁价值理念相结合，营造崇尚廉洁、鄙弃贪腐的良好社会风尚。

(十五)深化学雷锋志愿服务活动。大力弘扬雷锋精神，广泛开展形式多样的学雷锋实践活动，采取措施推动学雷锋活动常态化。以城乡社区为重点，以相互关爱、服务社会为主题，围绕扶贫济困、应急救援、大型活动、环境保护等方面，围绕空巢老人、留守妇女儿童、困难职工、残疾人等群体，组织开展各类形式的志愿服务活动，形成我为人人、人人为我的社会风气。把学雷锋和志愿服务结合起来，建立健全志愿服务制度，完善激励机制和政策法规保障机制，把学雷锋志愿服务活动做到基层、做到社区、做进家庭。

（十六）深化群众性精神文明创建活动。各类精神文明创建活动要在突出社会主义核心价值观的思想内涵上求实效。推进文明城市、文明村镇、文明单位、文明家庭等创建活动，开展全民阅读活动，不断提升公民文明素质和社会文明程度。广泛开展美丽中国建设宣传教育。开展礼节礼仪教育，在重要场所和重要活动中升挂国旗、奏唱国歌，在学校开学、学生毕业时举行庄重简朴的典礼，完善重大灾难哀悼纪念活动，使礼节礼仪成为培育社会主流价值的重要方式。加强对公民文明旅游的宣传教育、规范约束和社会监督，增强公民旅游的文明意识。

（十七）发挥优秀传统文化怡情养志、涵育文明的重要作用。中华优秀传统文化积淀着中华民族最深沉的精神追求，包含着中华民族最根本的精神基因，代表着中华民族独特的精神标识，是中华民族生生不息、发展壮大的丰厚滋养。建设优秀传统文化传承体系，加大文物保护和非物质文化遗产保护力度，加强对优秀传统文化思想价值的挖掘，梳理和萃取中华文化中的思想精华，作出通俗易懂的当代表达，赋予新的时代内涵，使之与中国特色社会主义相适应，让优秀传统文化在新的时代条件下不断发扬光大。重视民族传统节日的思想熏陶和文化教育功能，丰富民族传统节日的文化内涵，开展优秀传统文化教育普及活动，培育特色鲜明、气氛浓郁的节日文化。增加国民教育中优秀传统文化课程内容，分阶段有序推进学校优秀传统文化教育。开展移风易俗，创新民俗文化样式，形成与历史文化传统相承接、与时代发展相一致的新民俗。

（十八）发挥重要节庆日传播社会主流价值的独特优势。开展革命传统教育，加强对革命传统文化时代价值的阐发，发扬党领导人民在革命、建设、改革中形成的优良传统，弘扬民族精神和时代精神。挖掘各种重要节庆日、纪念日蕴藏的丰富教育资源，利用五四、七一、八一、十一等政治性节日，三八、五一、六一等国际性节日，党史国史上重大事件、重要人物纪念日等，举办庄严庄重、内涵丰富的群众性庆祝和纪念活动。利用党和国家成功举办大事、妥善应对难事的时机，因势利导地开展各类教育活动。加强爱国主义教育基地建设，形成实体展馆与网上展馆相结合、涵盖各个历史时期的爱国主义教育基地体系。推进公共博物馆、纪念馆、爱国主义教育基地和文化馆、图书馆、美术馆、科技馆等免费开放，积极发展红色旅游。

（十九）运用公益广告传播社会主流价值、引领文明风尚。围绕社会主义核心价值观，加强公益广告的选题规划和内容创意，形成公益广告传播先进文化、传扬新风正气的强大声势。加大公益广告刊播力度，广播电视、报纸期刊要拿出黄金时段、重要版面和显著位置，持续刊播公益广告。互联网和手机媒体要发挥传输快捷、覆盖广泛的优势，运用多种方式扩大公益广告的影响力。社会公共场所、公共交通工具要在适当位置悬挂张贴公益广告。各类公益广告要注重导向鲜明、富有内涵、引人向上，注重形式多样、品位高雅、创意新颖，体现时代感厚重感，增强传播力感染力。

六、加强对培育和践行社会主义核心价值观的组织领导

（二十）各级党委和政府要充分认识培育和践行社会主义核心价值观的重要性，把这项任务摆上重要位置，把握方向，制定政策，营造环境，切实负起政治责任和领导责任。把社会主义核心价值观要求体现到经济建设、政治建设、文化建设、社会建设、生态文明建设和党的建设各领域，推动培育和践行社会主义核心价值观同实际工作融为一体、相互促进。建立健全培育和践行社会主义核心价值观的领导体制和工作机制，加强统筹协调，加强组织实施，加强督促落实，提高工作科学化水平。党的基层组织要在推动社会主义核心价值观培育和践行方面，发挥政治核心作用和战斗堡垒作用，筑牢社会和谐的精神纽带，打牢党执政的思想基础。

（二十一）党员、干部要做培育和践行社会主义核心价值观的模范。党员、干部特别是领导干部要在培育和践行社会主义核心价值观方面带好头，以身作则、率先垂范，讲党性、重品行、作表率，为民、务实、清廉，以人格力量感召群众、引领风尚。加强理想信念教育，引导党员、干部着力增强走中国特色社会主义道路、为党和人民事业不懈奋斗的自觉性和坚定性，做共产主义远大理想和中国特色社会主义共同理想的坚定信仰者。加强党性教育，引导党员、干部贯彻党的群众路线，弘扬党的优良传统和作风，以优良党风促政风带民风。加强道德建设，引导党员、干部始终保持高洁生活情趣，坚守共产党人精神追求。

（二十二）培育和践行社会主义核心价值观是全社会的共同责任。坚持全党动手、全社会参与，把培育和践行社会主义核心价值观同各领域的行政管理、行业管理和社会管理结合起来，形成齐抓共管的工作格局。党政各部门，工会、共青团、妇联等人民团体，要在党委统一领导下，加强沟通、密切配合，形成共同推进社会主义核心价值观培育和践行的良好局面。各地区各部门各单位要制定实施方案，落实工作责任制，明确任务分工，完善工作措施。重视发挥民主党派和工商联的重要作用，支持民主党派和工商联开展培育和践行社会主义核心价值观的各项工作。加强同知识界的联系，引导知识分子用正确观点阐释和传播社会主义核心价值观。党委宣传部门要切实担负起组织指导、协调推进的重要职责，积极会同有关部门采取有力措施，推动各项任务落到实处。

（二十三）把培育和践行社会主义核心价值观的任务落实到基层。城乡基层是培育和践行社会主流价值的重要依托，农村、企业、社区、机关、学校等基层单位要重视社会主义核心价值观的培育和践行，使之融入基层党组织建设、基层政权建设中，融入城乡居民自治中，融入人们生产生活和工作学习中，努力实现全覆盖，推动社会主义核心价值观不断转化为社会群体意识和人们自觉行动。充分发挥工人、农民、知识分子的主力军作用，发挥党员、干部的模范带头作用，发挥青少年的生力军作用，发挥社会公众人物的示范作用，发挥非公有制经济组织和新社会组织从业人员的积极作用，形成人人践行社会主义核心价值观的生动景象。

C.5　中共教育部党组 共青团中央关于在各级各类学校推动培育和践行社会主义核心价值观长效机制建设的意见

教党〔2014〕40号

各省、自治区、直辖市党委教育工作部门、教育厅（教委）、团委，新疆生产建设兵团教育局、团委，教育部直属各高等学校党委，中国青年政治学院党委：

为深入贯彻党的十八大、十八届三中全会和习近平总书记系列重要讲话精神，落实中央《关于培育和践行社会主义核心价值观的意见》（中办发〔2013〕24号），深入持久、扎实细致地推进社会主义核心价值观培育践行工作长效化常态化科学化，现就在各级各类学校推动培育和践行社会主义核心价值观长效机制建设提出以下意见。

一、推动培育和践行社会主义核心价值观长效机制建设的重要意义、指导思想和主要原则

1.充分认识培育和践行社会主义核心价值观长效机制建设的重要意义。社会主义核心价值观是我们党凝聚全党全社会价值共识作出的重要论断，积极培育和践行社会主义核心价值观是学校落实立德树人根本任务的核心要求。近年来，各地各校和共青团组织将培育和践行社会主义核心价值观作为重要任务，从认知、践行、传播、引领等环节入手，开展了主题鲜明、形式多样的教育实践活动，取得了积极进展。同时要看到，面对世界范围思想文化交流交融交锋形势下价值观较量的新态势，面对改革开放和发展社会主义市场经济条件下思想意识多元多样多变的新特点，抓好青少年价值观教育养成的任务十分艰巨而紧迫。将培育和践行社会主义核心价值观作为一项长期性系统性工作，不断创新方式方法、探索有效形式、形成长效机制，对于深化教育领域综合改革，培育德智体美全面发展的社会主义建设者和接班人，实现中华民族伟大复兴中国梦具有十分重要的意义。

2. 在学校推动培育和践行社会主义核心价值观长效机制建设的指导思想是：高举中国特色社会主义伟大旗帜，以邓小平理论、"三个代表"重要思想、科学发展观为指导，贯彻落实习近平总书记系列重要讲话精神，紧紧围绕"倡导富强、民主、文明、和谐，倡导自由、平等、公正、法治，倡导爱国、敬业、诚信、友善"，紧紧围绕立德树人根本任务，综合运用教育教学、实践养成、文化熏陶、制度保障、研究宣传等方式，重点在"融入"上下功夫，把社会主义核心价值观纳入国民教育全过程，落实到教育教学和管理服务各环节，覆盖到所有学校和受教育者，形成培育和践行社会主义核心价值观工作长效机制，使广大师生自觉将社会主义核心价值观内化于心、外化于行。

3. 在学校推动培育和践行社会主义核心价值观长效机制建设的主要原则是：坚持系统规划，整体推进，不断完善培育和践行社会主义核心价值观的顶层设计；坚持分类指导，重点突破，形成可示范可引领可推广的工作动力系统、激励机制和实践模式；坚持落细落小落实，形成广大师生日常行为准则，增强自觉奉行和践行能力；坚持继承创新，善于运用青少年喜闻乐见的方式，推进理念创新、方法创新，注重总结凝练基层创新的经验和智慧，增强工作针对性实效性。

二、推动社会主义核心价值观融入教育教学

4. 研制中国学生发展核心素养体系。明确学生适应终身发展和社会发展需要的必备品格和关键能力，系统落实社会主义核心价值观的要求。依据学生发展核心素养体系，建立和完善各学段、各学科课程教学有关标准，根据标准调整课程教材，构建各级学校有机衔接的课程教材体系。

5. 修订德育、语文、历史教材。充分发挥基础教育课程教材专家咨询委员会、专家工作委员会和全国职业教育教材审定委员会作用，组织开展义务教育和中等职业教育德育、语文、历史教材的编写、修订和审查。根据中小学生身心发展规律和年龄特征，系统完善地落实国家主权意识、社会主义核心价值观、中华优秀传统文化、民族团结教育等内容，融入课程标准、教材编写、考试评价之中。

6. 实施高校课程体系和教育教学创新计划。整体推进教材、教师、教学、评价、学科、保障等方面综合改革创新，发掘各学科思想政治教育资源，不断提高课堂开展社会主义核心价值观教育的实效性。结合马克思主义理论研究和建设工程实施，丰富社会主义核心价值观教育的内容。促进社会主义核心价值观融入专业课程教学，打造由思想政治理论课、专业课程、社会实践、网络教学等构成的教育教学体系。

三、推动社会主义核心价值观融入社会实践

7. 建立完善师生志愿服务体系。成立全国和地方公益性教师志愿服务组织，协调指导教师志愿者开展活动，着眼于服务好教育系统这个大任务，逐步向服务社会延伸。制订实施《学生志愿服务管理办法》，建立健全学生志愿服务工作体系、评价体系和保障体系，推动学雷锋志愿服务常态化。

8. 实施"实践育人共同体建设计划"。促进政府、学校、企业、社会等按照"目标共同、机制共建、资源共享、责任共担"原则建立实践育人共同体，整合各方资源、发挥集聚效应、推进深度融合，实现实践育人规范化管理、常态化服务、品牌化培育、项目化配置、信息化支撑、社会化运作。通过共同体建设，为学生实践搭建平台，提升学生创新实践能力，深化学生对社会主义核心价值观的理解和认识。

9. 深化主题社会实践和志愿公益活动。组建社会主义核心价值观"大学生讲师团"，结合大学生实习基地建设和农村(社区)基层党校建设，建立讲师团定点合作单位，构建覆盖广大农村、城镇的网络阵地，向基层群众宣讲社会主义核心价值观。深化暑期"三下乡"等社会实践活动，积极开展社会调查、文艺演出、公益服务等。组织学生利用节假日、纪念日及课余时间，走进学校周边社区和群众，长期化开展扶贫济困、应急救援、大型活动、环境保护等方面的志愿公益活动。

四、推动社会主义核心价值观融入文化育人

10. 创新主题教育活动形成校园文化品牌。编写传唱社会主义核心价值观童谣诗歌，通过定期征集、教唱、展示、评比等环节，使学生熟记社会主义核心价值观 24 个字。开学初集中开展"社会主义核心价值观宣传周"活动，组织报告会、分享会等形式多样的宣传教育活动。开展"我为核心价值观代言"活动，组织动员学生结合自身经历，以文字、图片、视频、动漫、微电影等方式表达对社会主义核心价值观的理解感悟。形成"爱学习、爱劳动、爱祖国""节粮、节水、节电"活动长效机制，促进"奋斗的青春最美丽""与信仰对话""与人生对话""彩虹人生""文明风采"等品牌活动长期化开展。深化实施"青年马克思主义者培养工程"，充分发挥大学生骨干的示范导向作用。

11. 加强优秀传统文化和传统美德教育。在日常教育管理中积极融入中华优秀传统文化和传统美德教育，抓住民族传统节日等契机，开展经典诵读、知识竞赛等活动；组织学生积极参与"全国大学生道德实践成果网络巡礼""道德模范进校园""礼敬中华优秀传统文化"系列活动。结合学校地缘优势和历史、文化、革命传统，开展形式多样的教育实践活动，以"校训""校歌"等为载体，通过讲故事、谈人物等方式，深入挖掘其蕴含的历史文化积淀，增强学生文化自信和价值观自信。加强民族传统体育项目、艺术形式的宣传推广，发挥体育综合育人功能，通过体育竞赛、艺术展演等形式，激励学生强健体魄、磨练意志、全面发展，自觉践行社会主义核心价值观。

12. 充分利用现有平台繁荣校园文艺创作。继续抓好高雅艺术进校园、全国大中小学生艺术展演、创建中华优秀文化艺术传承学校等活动，不断提升活动的审美和人文品质，使之成为宣传社会主义核心价值观的有力阵地。激发师生自主创作能力，打造一批以爱国将领、革命英雄、科学先驱、道德模范、敬业典型、志愿服务标兵等为原型的歌舞剧、话剧，组织推动校内、校外巡演。创作一批

以弘扬社会主义核心价值观为主题的诗歌、散文、歌曲、动漫、视频、微电影、公益广告等文化作品，建立社会主义核心价值观优秀文化作品资源库，分学段、分层次地在大中小学进行展演、展映、展播。

13. 选树传颂"校园好故事""校园好声音"。发掘身边好人好事，开展践行社会主义核心价值观先进个人寻访、优秀集体创建和校歌、班歌征集与宣传活动。以"校园好故事""校园好声音""校园好集体"等主题活动为载体，选树在热爱祖国、敬业奉献、勤奋学习、志愿服务、热心助人、见义勇为、诚实守信、孝老爱亲等方面表现突出的青少年学生楷模以及优秀班团集体。以先进事迹报告会、主题巡讲、歌咏、朗诵比赛、视频展播等形式，大力宣传校园好人好事，营造崇德向善、见贤思齐的浓厚氛围。遴选一批与社会主义核心价值观高度契合的校歌、班歌，深入挖掘校歌、班歌传递的价值内涵和文化底蕴，并通过各类媒体平台进行传播。

五、推动社会主义核心价值观融入制度建设

14. 完善学校规章制度。按照社会主义核心价值观的基本要求，推进现代学校制度建设，完善学校规章制度。完善教师管理规定、学生守则公约等师生行为准则，使社会主义核心价值观成为学校生活的基本遵循。建立和规范学校礼仪制度，丰富升国旗仪式、成人仪式、入党入团入队入学仪式等典礼的内涵，强化仪式庄严感和教育意义。将社会主义核心价值观作为学校基层党团组织主题生活会、党团日、班会的重要内容。

15. 探索建设学生诚信档案。建立健全大学生诚信档案，签订学生校园诚信承诺书，涵盖学业诚信、学术诚信、经济诚信、就业诚信等内容，将诚信档案作为大学生思想政治教育测评的重要依据。加大对失信行为的约束和惩戒力度。构建各学段有机衔接的信用约束机制，分层推进诚信档案建设。

16. 落实师德建设长效机制。把社会主义核心价值观纳入教师教育课程体系，融入教师职前培养准入、职后培训管理全过程。全面落实《关于建立健全中小学师德建设长效机制的意见》和《关于建立健全高校师德建设长效机制的意见》，创新师德教育，加强师德宣传、健全师德考核、强化师德监督、注重师德激励、严格师德惩处，推动广大教师坚定理想信念、遵守职业道德、承担育人职责、永怀仁爱之心。充分激发教师加强师德建设的自觉性，鼓励教师弘扬重内省、重慎独的优良传统，在细微处见师德，在日常中守师德，养成师德自律习惯，将师德规范积极主动融入教育教学、科学研究和服务社会的实践中，提高师德践行能力。

六、加强组织领导，推进社会主义核心价值观研究传播

17. 强化工作保障。各地各校要建立健全社会主义核心价值观培育践行工作机制，明确领导责任制，切实加强组织领导、具体指导和督促检查，把落实社会主义核心价值观长效机制建设情况以及取得的实际效果作为干部考核考评和思想政治教育工作测评的重要指标。各地各校要结合实际，独立形成符合自身特色、文化传统和师生情况的培育理念、工作思路和践行机制，制订、实施切实可行的工作纲要、计划和举措。根据职责任务，在经费、人员以及信息技术手段等方面提供必要保障。

18. 深入开展理论研究。充分发挥教育系统特别是高校理论研究优势，在教育部人文社会科学研究、共青团和青少年工作等课题和项目中设立"社会主义核心价值观培育和践行"研究专项，重点支持相关课题研究、学术研讨、著作出版，系统研究社会主义核心价值观的历史渊源、重大意义、科学内涵、基本要素和实践途径，为培育和践行社会主义核心价值观提供理论基础和学理支撑。

19. 发挥新媒体传播作用。充分发挥网络新媒体优势，围绕中国特色社会主义、中国梦等主题，线上线下相结合，开展网络主题教育活动，扩大社会主义核心价值观网上宣传的覆盖面和影响力。建设好使用好网络平台，加强中国大学生在线、中国青年网、未来网、"易班"网、校园和各级共青团组织公共微博、微信等平台建设，向师生定期推送电子报刊、校园信息，宣传报道践行社会主义核心

价值观的典型人物和事迹,产生可敬、可亲、可学的示范效应。发挥新媒体互动交流功能,发挥专家学者、辅导员、共青团网络宣传员队伍作用,增强设置议题和主动发声能力,引领师生思潮,促进社会主义核心价值观网络化传播。

20. 积极推动工作创新。积极探索新思路、新方法、新举措,重视和加强对工作全局性、前瞻性、规律性问题的研究,增强工作针对性、创新性和实效性,推动工作创新发展。不断总结好经验好做法,通过召开工作经验交流会、座谈研讨会等方式,研究、总结、推广培育和践行社会主义核心价值观的理论和实践成果,形成各地各校培育践行社会主义核心价值观整体推进的良好态势。

中共教育部党组　共青团中央
2014 年 10 月 17 日

C.6 共青团中央 全国学联关于增强新时代大学生社会实践活动实效深化共青团实践育人工作的意见

中青联发〔2023〕5 号

实践育人作为落实立德树人根本任务的关键环节，是高校思想政治工作体系的有机组成，是培养担当民族复兴大任时代新人的有效途径。为深入学习宣传贯彻党的二十大精神，贯彻落实习近平新时代中国特色社会主义思想，切实发挥共青团作为广大青年在实践中学习中国特色社会主义和共产主义的学校作用，现就增强新时代大学生社会实践活动实效、深化共青团实践育人工作提出如下意见。

一、总体要求

1. 指导思想。以习近平新时代中国特色社会主义思想为指导，深入学习贯彻习近平总书记关于青年工作的重要思想，立足共青团"三力一度两保障"工作格局，进一步落实全团抓思想引领、全团抓基层、全团抓学校要求，以大中专学生社会实践知行计划为统揽，深化为党育人的政治功能，发挥共青团实践育人在高校"大思政"工作体系和"三全育人"工作格局中的重要作用，聚焦主责主业、坚持守正创新，开展经常性、有组织的社会实践，推动社会实践活动内涵化、规范化、常态化、长效化发展，引领大学生立志做有理想、敢担当、能吃苦、肯奋斗的新时代好青年，让青春在全面建设社会主义现代化国家的火热实践中绽放绚丽之花。

2. 基本原则

——坚持为党育人。落实立德树人根本任务，帮助学生提高社会化能力，引领广大学生用脚步丈量祖国大地，用眼睛发现中国精神，用耳朵倾听人民呼声，用内心感应时代脉搏，厚植学生对祖国血浓于水、与人民同呼吸共命运的情感，坚定不移听党话、跟党走。

——坚持守正创新。落实共青团深化改革要求，强化组织动员、社会动员，立足工作实际、突出就近就便、遵循教育规律、创新方式方法，项目化、扁平化推动工作，促进实践育人工作紧跟时代前进、青年发展、实践创新的步伐。

——坚持精准施策。以学生为中心，将统一要求和分类实施相结合，注重区分不同地域、院校、项目及工作环节的差异，分层分类实施集中与分散、长时与短时、团队与个人相结合的社会实践活动，破解实践育人中不平衡不充分问题。

——坚持协同联动。加强系统谋划，坚持同高等教育改革有机衔接、一体推进，完善条块结合、上下协同、左右联动的工作机制。加强校地联动、项目联动、品牌联动，整合资源、共建共享，形成实践育人合力。

3. 目标任务。每名大学生在校期间至少参加1次"三下乡"或"返家乡"社会实践活动，每个团支部每学期至少开展1次校外社会实践活动，全团每年组织不少于25％的高校团支部、20万名大学生就近就便参与社区实践，大学生社会实践活动的参与面、覆盖面、受众面不断提高，大学生在社会实践中长知识、增才干、作贡献的获得感不断提高。用三至五年时间，实现大学生社会实践活动的内涵更深、机制更优、体系更全、保障更强、成效更实，更好服务大局、服务青年，推动共青团实践育人工作高质量发展。

二、丰富实践内涵

1. 聚焦红色基因传承。组织大学生深入学习宣传贯彻党的二十大精神，用党的科学理论武装青年，用党的初心使命感召青年。把庆祝建党百年激发的爱党爱国爱社会主义热情传递下去，组织大学生学习宣传党的百年奋斗重大成就和历史经验，依托各地红色资源，开展重走红色足迹、追溯红色记忆、访谈红色人物、挖掘红色故事、体悟红色文化等多种形式的活动，以重要时间节点为契机深化仪式教育，持之以恒推进党史学习教育常态化长效化，引导大学生弘扬伟大建党精神，让红色基因、革命薪火代代传承。

2. 聚焦理论普及宣讲。组织大学生走进基层、边远地区、社区、农村、军营等，面向最广大的普通基层人民群众和青少年群体等，深入开展学习宣传贯彻党的二十大精神和习近平新时代中国特色社会主义思想活动，以习近平总书记对青年学生寄语、给青年学生回信、《论党的青年工作》、《习近平与大学生朋友们》等为主要内容，精心设计开展有内涵、接地气、聚人气的宣传教育活动，将理论学习与社会实践相贯通，将深刻性与生动性相统一，开展键对键、面对面、小范围、互动式宣讲，讲透创新理论、讲好发展成就、讲清形势任务、讲明发展前景。

3. 聚焦发展成就观察。聚焦党的十八大以来党和国家事业取得的历史性成就、发生的历史性变革，以中国大地为课堂，以脱贫攻坚重大历史性成就、全面建成小康社会决定性成就等为现实教材，组织大学生在国情考察、社会观察、调查研究、学习体验中了解国情社情民情，感受全过程人民民主生动实践，引导大学生深刻领悟党的领导、领袖领航、制度优势、人民力量的关键作用，深刻领悟"两个确立"的决定性意义，增强"四个意识"、坚定"四个自信"、做到"两个维护"，永远跟党走、奋进新征程。

4. 聚焦服务党政大局。组织动员大学生为全面建成社会主义现代化强国、实现第二个百年奋斗目标，以中国式现代化全面推进中华民族伟大复兴建功立业。深入贯彻落实习近平总书记关于"三农"工作的重要论述，引导大学生助力巩固拓展脱贫攻坚成果同乡村振兴有效衔接，聚焦重点领域和关键环节，投身乡村振兴。贯彻落实中央西藏工作座谈会、中央新疆工作座谈会和中央民族工作会议精神，引导大学生争当民族团结进步的宣传者、示范者和践行者，不断铸牢中华民族共同体意识。围绕深入实施科教兴国战略、人才强国战略、创新驱动发展战略，组织大学生参加"挑战杯"竞赛等科技创新活动，立足社会需求开展科普宣讲、科研攻关和创新成果转化，投身科技自立自强。

5. 聚焦就业创业实践。组织动员大学生进政府、进社区、进园区、进企业，参加政务实践、企业实习、兼职锻炼、职业体验、创业锤炼等实践活动，弘扬劳动精神、奋斗精神、奉献精神、创造精神、勤俭节约精神。围绕实施就业优先战略，依托"三下乡"、"返家乡"和"扬帆计划"等项目，组织大学生深入地方党政机关、事业单位一线岗位承担具体工作，参加与专业方向匹配的企业实习工作，担任乡镇团委及村、社区等基层团组织的兼职干部，到科技部门、科研机构、高新企业进行就业见习、实习实践等，引导学生树立正确择业观、就业观，提高社会化能力和就业能力。

6. 聚焦基层志愿服务。引领大学生广泛践行社会主义核心价值观。组织动员大学生投身"美丽中国·青春行动"，积极参与"保护母亲河"行动、"三减一节"、垃圾分类、绿色低碳等活动，深入开展节约粮食主题宣讲和社会实践。推进青年志愿者服务社区行动，开展高校志愿服务提升计划，组织动员大学生在助老助残、关爱青少年、基层社会治理等领域实施"小而美"的常态化志愿服务项目。弘扬志愿服务精神，积极组织带领大学生在疫情防控、大型赛会等志愿服务中贡献青春力量。

三、强化工作举措

1. 加大资源投入。积极争取党政支持，协调企事业单位和社会团体等加强对大学生社会实践的支持，统筹团内外资源，加大政策、资金、场地和工作力量等的投入。高校按照在校学生每年每生不低于 15 元标准设立专项经费，为大学生社会实践活动提供有力条件保障。

2. 突出规范组织。坚持"突出主题、确保安全、就近就便、务求实效"原则，规范宣传动员、立项报备、培训辅导、总结评价等重点工作。合理确定学生实践规模，实践团队师生比原则上不低于 1：15. 实践时长原则上不低于 7 天，学生实践做到有方案、有日志、有报告、有心得、有评价。

3. 加强专业指导。选派党政干部、共青团干部、思想政治理论课和哲学社会科学课教师、辅导员和班主任等担任指导教师，鼓励专业教师担任指导教师，随队指导学生实践。组织指导教师专项培训，把干部、教师指导学生社会实践情况作为业绩评价、职务晋升、职称评聘等方面的重要依据。

4. 夯实基地建设。坚持"类型多样、联合共建、常态运行、动态管理、注重实效、协同育人"原则，依托高新技术开发区、大学科技园、城市社区、农村乡镇、工矿企业、爱国主义教育场所、全国青少年教育基地等，建立社会实践、创业就业、红色教育、劳动教育基地，构建全国、省级、校级社会实践基地体系。

5. 增强技术支撑。利用先进网络技术让社会实践工作活起来，用好"三下乡"、"返家乡"信息系统等提高工作精细化水平，采用大数据和人工智能等技术对实践过程进行客观记录和科学评价，使用多媒体技术搭建"云调研"、"云课堂"、"云展厅"等项目开展、成果展示、学习交流的平台。

6. 完善考评激励。将社会实践纳入共青团"第二课堂成绩单"制度，认定学生实践学分。坚持结果和过程统一、定性和定量结合、高校和地方协同、自评和他评互补，突出对学生思想变化、实际表现、成长收获的考评，将结果作为学生综合素质测评、团员评议、推优入党、求职就业等重要参考。

7. 强化安全保障。坚持安全第一，派出和接收单位要为实践师生购买意外保险，加强安全教育管理，做好安全应急预案。实践师生要增强安全意识，自觉遵纪守法，充分研判天气变化和自然地质条件等，安全有序地开展社会实践活动。坚决防范化解意识形态风险。

四、加强组织实施

1. 加强组织领导。在党委领导下建立健全组织领导机制和责任落实机制，形成各方积极支持和参与大学生社会实践的工作格局。各级团组织领导机构要将大学生社会实践工作纳入重要议事日程，加强组织领导和工作指导，推动大学生社会实践工作落实落细。

2. 明确各级职责。省级团组织要加强统筹协调，认真做好政策传导、调研指导、评价督导。市级、县级团组织要精心开发匹配实践岗位，对学生加强跟踪教育和服务，提供公共交通和用餐等补贴。

高校团组织要抓好关键环节，大力组织师生开展高质量的社会实践活动。

3. 广泛宣传动员。坚持线上线下相结合，注重运用网络多媒体对实践过程和成果进行宣传展示，提升实践活动社会影响力。强化校、院系、班级团组织联动，突出团支部引领主导作用，以团支部为基本单元，有计划、大批量、小规模、经常性地组织大学生开展社会实践活动。

4. 深化总结交流。做好活动总结、选树宣传典型、研讨交流等工作，及时将好的经验做法固化为工作路径。引导广大师生将社会观察、调查研究和感悟思考等成果转化为建设性意见和举措，切实提升大局贡献度。加强对共青团实践育人理论与规律的研究。

参考文献

［1］符茂．社会实践"无形课堂"的内涵特征、功能导向及实践路径［J］.教育理论与实践,2024,44(24):32－33.

［2］吴丹．行走的课堂 满满的收获［N］.人民日报,2024－02－26(11).

［3］教育部办公厅．教育部办公厅关于深化高校学生暑期社会实践活动的通知［EB/OL］.(2023－07－06)［2024－09－20］.http://www.moe.gov.cn/srcsite/A12/moe_1407/s6870/202307/t20230706_1067464.html.

［4］蔡颖蔚,余鸿飞．社会实践与爱国主义教育成效的路径分析［J］.中国青年研究,2023(9)113.

［5］王海涵,王磊,朱蕾．在社会实践的"大熔炉"中筑牢思想根基［N］.中国青年报,2023－08－15(9).

［6］郭元祥,舒丹．论综合实践活动的育人功能及其条件［J］.教育发展研究,2019(10)28－29.

［7］李丽,周广,臧欣昱．创新高校第二课堂育人体系的实践探索［J］.思想政治教育研究,2019(08)112.

［8］罗亮．改革开放以来高校实践育人的发展历程与基本经验探析［J］.思想理论教育,2019(05)108－110.

［9］马晓燕．基于实践体验的红色文化资源育人功能探究［J］.思想理

论教育,2019(02)107.

[10] 胡靖. 大学生社会实践的历程、价值意蕴与发展趋向[J].思想理论教育,2018(01)111.

[11] 王正明,范玉芳. 对实践教育内涵的认识与思考[J].中国大学教学,2014(02)68－69.

[12] 张文显. 弘扬实践育人理念 构建实践育人格局[J].中国高等教育,2015(03)7.

[13] 骆郁廷,史姗姗. 论马克思主义实践育人的德育思想及其现实价值[J].马克思主义研究,2013(10)137－139.

[14] 史明涛,徐丽曼,张利国. 国外高校实践育人的经验及启示[J].中南民族大学学报(人文社会科学版),2013(09)179.

[15] 骆郁廷,郭莉."立德树人"的实现路径及有效机制[J].思想教育研究,2013(07)46－47.

[16] 申纪云,高校实践育人的深度思考[J].中国高等教育,2012(11)11.

[17] 王伟明,张鹏. 大学生社会实践科学化组织模式探索[J]. 中国青年研究,2012(12)84.

[18] 汤耀平,陈超. 构建大学生社会实践活动的长效机制[J]. 中国高等教育,2012(17)37.

[19] 黄蓉生,孙楚杭. 构建高校实践育人长效机制的思考[J].中国高等教育,2012(03)37.

[20] 郭元祥. 论实践教育[J]. 课程·教材·教法,2012(1)17－18.

[21] 袁金祥. 大学生社会实践育人功能的偏失与匡正[J].现代教育科学,2010(04)121.

[22] 周彩姣,林寒. 关于大学生社会实践活动内涵的新界定[J]. 中国高等教育,2009(02)43－44.

[23] 陈曦,石新明,潘小俪,等."大学生社会实践"课程建设的探索[J]. 中国大学教学,2008(10)45.

[24] 张华. 马克思主义实践观的科学内涵及现实意义[J].理论学刊,

2006(11)49.

[25] 薛建航.大学生社会实践教育[M].西安:西安电子科技大学出版社,2023.

[26] 胡树祥,吴满意,等.大学生社会实践教育理论与方法[M].北京:人民出版社,2010.

[27] 许国成.大学生社会实践教程[M].杭州:浙江大学出版社,2021.

后　记

　　社会实践作为实践育人的核心实施路径，是落实立德树人根本任务的关键战略抓手。其有效实施既需要遵循教育教学规律构建科学化育人体系，更需要掌握项目化运作的实践方法论，是一项兼具理论创新价值与实践指导意义的系统工程。

　　本书编写立足破解实践育人"经验碎片化"与"理论空泛化"的双重困境，通过社会实践课程建设与案例教程研发的双向赋能，构建了"理论-实践-案例"三位一体的育人闭环。一方面团队通过社会实践课程建设，梳理实践育人的理论分析框架和实施路径；另一方面在课程进行中注重将理论转化为实践项目孵化出一批较为成熟的实践项目，并经过经验凝练形成实践案例。项目的实践经验经过提炼充实到理论体系中，理论方法通过项目案例系统化展示并指导项目实践的开展，从而实现理论与实践相融互促。

　　值得说明的是，本书并非静态的经验汇编，而是着力打造动态发展的方法论体系。团队将持续推进"实践反馈-理论迭代-案例更新"的螺旋式发展机制，不断完善案例。

　　在本书的编写过程中，韩胜丁、谢夏、周琳琳、肖洒、黄苗苗、张师

195

源、杨元广、周郭军、徐艾君、崔建兵、贺加贝、翁浚溥、王曦、倪晗、郎筱宇、李志强、赵月、杜婧加等老师不仅具体参与指导项目，而且对项目经验的凝练和书稿的编写也作出了积极的贡献。本书在编写和出版过程中承蒙西安交通大学出版社鼎力支持，同时参考了大量文献并借鉴了诸多学术观点，因篇幅所限未能尽举，在此一并谨致谢忱。由于作者水平有限，书中难免有疏漏，敬请读者批评指正。

编　者